Processo do Trabalho e o Paradigma Constitucional Processual Brasileiro

compatibilidade?

ARTUR TORRES

Laureado Dom Antonio Zattera pela Universidade Católica de Pelotas; Especialista em Direito Processual (PUC/RS); Mestre e Doutorando em Direito (PUC/RS); Professor do PPG em Direito e Processo do Trabalho, Direito Processual Civil e Direito de Família (PUC/RS); Professor convidado do PPG em Direito e Processo Civil da Faculdade Anhanguera Educacional; Professor das Faculdades Rio-Grandenses (FARGS); advogado.

PROCESSO DO TRABALHO E O PARADIGMA CONSTITUCIONAL PROCESSUAL BRASILEIRO

compatibilidade?

EDITORA LTDA.

© Todos os direitos reservados

Rua Jaguaribe, 571
CEP 01224-001
São Paulo, SP — Brasil
Fone (11) 2167-1101
www.ltr.com.br

Produção Gráfica e Editoração Eletrônica: RLUX
Projeto de capa: FÁBIO GIGLIO
Impressão: PIMENTA GRÁFICA E EDITORA

LTr 4547.4
Junho, 2012

Dados Internacionais de Catalogação na Publicação (CIP)
(Câmara Brasileira do Livro, SP, Brasil)

Torres, Artur
    Processo do trabalho e o paradigma constitucional processual brasileiro : compatibilidade? / Artur Torres. — São Paulo : LTr, 2012.

    Bibliografia.
    ISBN 978-85-361-2099-7

    1. Direito processual do trabalho 2. Direito processual do trabalho — Brasil I. Título.

12-04104   CDU-347.9:331

Índice para catálogo sistemático:
1. Direito processual do trabalho   347.9:331

À *Vanessa, Arthur* e *Ana Carolina*,
sempre.

Ao doutor *Gilberto Stürmer* pelo incentivo diário;
Vanderlei Bierhals amigo de todas as horas;
Neuza Torres pela crença de todo sempre e
ao meu querido pai, *Arthur Sória Torres*,
exemplo de homem, esteja onde estiver.

Sumário

Apresentação — Gilberto Stürmer 9

Introdução 11

Parte I

1. Dos pressupostos histórico-sociais indispensáveis ao estudo do processo do trabalho no Brasil 15

    1.1. Anotações relativas à gênese do *processo laboral* brasileiro 15

    1.2. Características e anseios do *sistema processual* albergado pela Consolidação das Leis do Trabalho 19

2. O modelo constitucional do processo brasileiro 31

    2.1. Considerações introdutórias: breve escorço histórico a respeito da gênese da atual concepção dos direitos fundamentais, da admissão da tese no seio da doutrina processual e do surgimento do modelo constitucional do processo brasileiro 31

    2.2. Direitos fundamentais (substanciais) de natureza processual em espécie 38

        2.2.1. Direito fundamental à jurisdição 38

        2.2.2. Direito fundamental ao juiz natural 41

        2.2.3. Direito fundamental à isonomia 43

        2.2.4. Direito fundamental ao contraditório 47

        2.2.5. Direito fundamental à ampla defesa 49

        2.2.6. Direito fundamental à prova 50

        2.2.7. Direito fundamental à publicidade 52

        2.2.8. Direito fundamental à motivação 54

        2.2.9. Direito fundamental à assistência jurídica integral e gratuita 57

        2.2.10. Direito fundamental à tutela adequada e efetiva 58

        2.2.11. Direito fundamental à prestação jurisdicional tempestiva 60

        2.2.12. O *processo justo* como suma dos direitos fundamentais de natureza processual 61

Parte II

3. Os ditames processuais infraconstitucionais e sua adequação ao modelo constitucional de processo: questões para reflexão 67

   3.1. Do *protecionismo* processual 68

   3.2. Do depósito recursal 73

   3.3. Da irrecorribilidade imediata das decisões interlocutórias 76

   3.4. Da execução *ex officio* 81

   3.5. Da aplicação subsidiária do *processo comum* ao processo do trabalho: o processo laboral é (ou pode ser lido como) um subsistema fechado? 86

Referências Bibliográficas 91

Apresentação

Apresentar a obra "O Processo do Trabalho e o paradigma constitucional brasileiro: compatibilidade?" do Professor Artur Luís Pereira Torres é tarefa fácil. Tenho acompanhado a trajetória acadêmica do Professor Artur há alguns anos.

O conheci, no Programa de Pós-Graduação em Direito da nossa Pontifícia Universidade Católica do Rio Grande do Sul, quando, em 2007, a convite dos Professores Araken de Assis e José Maria Rosa Tesheiner, fiz parte do Grupo de Pesquisa em Processo, agregando aos debates o Processo do Trabalho. Desde então, tenho acompanhado seus estudos e pesquisas com o especial prazer de tê-lo presente e participante nas minhas aulas no mestrado e no doutorado. A participação e contribuição do Professor Artur às aulas é inestimável. Por isso a facilidade em apresentar este texto, resultado de reflexões e debates ao longo dos nossos encontros e extremamente qualificado pela contribuição dos Professores do Programa, especialmente os de Processo Civil.

O rigor científico e a qualidade do texto do Professor Artur me impressionam mas não me surpreendem.

O texto, de forma adequada e organizada, inicia tratando dos pressupostos histórico-sociais para o estudo do Processo do Trabalho no nosso ordenamento. A partir da base histórica, é cuidadosamente examinado o modelo processual no Estado Constitucional de Direito. O Professor Artur conclui como concluem os grandes juristas: deixando questões para reflexão. Os tormentosos aspectos infraconstitucionais do processo e a sua (nem sempre possível) adequação ao modelo constitucional.

O Programa de Pós-Graduação em Direito da PUCRS tem determinado o surgimento de excelentes monografias, dissertações e teses, além de livros como é o caso. Algumas delas transpõem os limites acadêmicos, chegando ao público, graças aos méritos dos seus autores e à colaboração de editores parceiros.

Uma dessas obras é a que ora tenho a honra de apresentar: "O Processo do Trabalho e o paradigma constitucional processual brasileiro: compatibilidade?", oriunda, reitero, de aprofundada e talentosa pesquisa do Professor Artur Luís Pereira Torres.

Artur é laureado pela Universidade Católica de Pelotas, Especialista em Direito Processual Civil, Mestre em Direito e Doutorando em Direito pela PUCRS. Advogado, refina o seu dia a dia forense com a qualidade textual de um verdadeiro estudioso. Tem brindado seus alunos, nos mais diversos cursos em que ministra as disciplinas de Direito Processual, com aulas meticulosas, objetivas e que os atraem para o estudo do Direito.

O autor trabalhou com o Direito Processual Civil e o Direito Processual do Trabalho, mesclando teoria e prática. Apresentou um texto primoroso que certamente será fonte de consulta de tantos estudantes e profissionais que militam no processo trabalhista.

O tema é, como se diz nos Tribunais, "tormentoso". A preocupação cada vez maior (com razão) sobre a tão sonhada efetividade processual, é fundamento básico do processo e, em especial, do processo trabalhista, em que se discutem parcelas de natureza alimentar. A CLT regula a matéria, mas dispõe sobre aplicação subsidiária do Código de Processo Civil (arts. 769 e 889) quando for omissa e desde que não haja incompatibilidade com o Processo do Trabalho. Determinante, de qualquer modo, que a igualdade processual que deve ser respeitada e não deve ser confundida com a proteção material ao empregado hipossuficiente. Artur trabalhou com qualidade tais questões.

O texto, objeto de meditação na procura de soluções que fossem ao mesmo tempo legais, justas e convenientes, apresentou uma visão sistemática do Direito Processual do Trabalho, discutindo e ensejando reflexão no que diz respeito à compatibilidade entre o sistema processual infraconstitucional e o modelo constitucional vigente.

Seu resultado é claro. Como já referido, ganham alunos, professores, advogados, juízes e demais interessados no Direito Processual do Trabalho, pois terão na obra uma excelente fonte de consulta a fundamentar os seus arrazoados.

Sinto-me feliz por partilhar da amizade do autor e da honra de apresentá--lo ao público.

Gilberto Stürmer
Professor de Direito do Trabalho da PUCRS
Graduação e Pós-Graduação
Advogado

Introdução

Estudo aprofundado da história do *direito processual não criminal*, independentemente de sua especialização, tem revelado que, ao longo dos tempos, tanto o ponto de partida, como o método de estudo da disciplina judiciária sofrera considerável mutação.

Ao estudioso do processo do trabalho, *ciente de que pelo menos entre nós a edificação do ordenamento judiciário encontrou forte amparo nos alicerces do processo civil* (seja no que diz com a formulação e aproveitamento de conceitos elementares, seja para sua própria superação), não é dado desconhecer a evolução histórico-metodológica a que se submetera este ao longo do século passado. A tarefa, na verdade, afigura-se indispensável à compreensão do que contemporaneamente se espera de um sistema processual.

Para os fins a que nos propomos é preciso, ainda, identificar *como, quando, onde e sob quais circunstâncias* toma corpo o sistema processual consolidado, desmistificando a gênese do processo laboral brasileiro, tradicionalmente explicado à luz do surgimento dos órgãos competentes para sua aplicação, omitidas maiores considerações a respeito do *sistema/modelo* processual imposto na era Getulista.

É a partir daí, e tão somente daí, que se pode extrair, com maior clareza, o que motivou a consolidação de um sistema pautado no modelo da *oralidade processual*, de vanguarda à época, pelo menos se comparado ao Direito Processual Comum.

Identificada a espinha dorsal do processo laboral brasileiro (mediante anotação dos elementos que nele se destacam e o distinguem do *Direito Processual Civil*) direcionamos nossos esforços à compreensão das linhas gerais que orientam *o modelo de processo albergado pela Constituição Federal de 1988*, preparando o terreno para a realização do comparativo anunciado.

A segunda parte destes escritos, esclareça-se, não se presta, como corriqueiramente o fazem os *manuais* de processo do trabalho, a realizar abordagem legislativa microscópica do ambiente processual trabalhista. Nossa tarefa é bem mais larga, se prestando, em suma, a refletir a respeito do questionamento, a saber: *o processo do trabalho, tal como arquitetado pelo Decreto-lei n. 1.237/39 (posteriormente consolidado), atende aos anseios do modelo de processo constitucionalmente previsto?*

A reflexão, macroscópica, que obviamente não se estende à totalidade das matérias pertinentes ao processo laboral (limita-se, na verdade, a analisar os temas *protecionismo processual; depósito recursal; irrecorribilidade imediata das decisões interlocutórias* e *execução* ex officio) deve ser tida como objeto motivador do presente trabalho.

Com o apoio de poucos e a repúdia de outros tantos (por escapar de uma zona de conforto) apresentamos ao leitor, ao cabo, nossas conclusões que, adiante-se, em parte *aplaudem* e em parte *discordam* do que, diuturnamente, vivenciamos no foro trabalhista.

Um último esclarecimento, ainda, parece-nos de bom grado: talvez muito menos do que possa aparentar nossos apontamentos, primeiro, encontram-se despidos de qualquer caráter revolucionário, numa perspectiva tão somente crítica daquilo que é (e foi) feito no foro laboral; segundo, inexiste de nossa parte, como escancarado na *prática* e na *doutrina trabalhista*, qualquer compromisso ideológico com classes contrapostas.

Nosso humilde intento não foi outro senão o de averiguar se o processo do trabalho como aplicado na prática acompanha o trilho da ciência processual, do contexto social onde surte efeitos e da teoria constitucional, que ecoa aos quatro cantos.

Aos que concordam, assim como nós, com a necessidade de uma releitura do fenômeno processual laboral, esperamos possam se valer desta obra para superá-la em breve; aos que ainda hoje pugnam pela manutenção do sistema consolidado (infenso a qualquer contribuição externa) tal e qual foi lido nos primórdios dos anos quarenta (um sistema processual estruturado para servir a contexto histórico amplamente diverso), sirva nosso esforço, pelo menos, para pô-los em estado de alerta. O novo século chegou!

Parte I

1. DOS PRESSUPOSTOS HISTÓRICO-SOCIAIS INDISPENSÁVEIS AO ESTUDO DO PROCESSO DO TRABALHO NO BRASIL

1.1. ANOTAÇÕES RELATIVAS À GÊNESE DO *PROCESSO LABORAL* BRASILEIRO

A doutrina pátria costuma abordar o tema mediante explanação histórica relativa ao surgimento dos órgãos competentes para compor, entre nós, conflitos desta natureza, dando, a nosso sentir, menor atenção (ou quase nenhuma) às características do(s) *modelo(s) processual(ais)* propriamente dito(s). Na melhor das hipóteses deparamo-nos com anotações relativas à *competência* e *composição* dos órgãos apontados, nada mais.[1]

Introdutoriamente, nada obstante apenas em 1934 tenha surgido o primeiro dispositivo constitucional que acenou à instituição de uma *Justiça do Trabalho*, destaque-se, como o faz doutrina de peso, que os Tribunais Rurais de São Paulo (1922), *mutatis mutandis*, figuraram como órgãos precursores da *Justiça especializada*. Esclareça-se, no entanto, que tal afirmativa, por si só, não tem o condão de explicitar quaisquer das características referentes ao *sistema processual* por eles adotado. Tal informação (relativa às peculiaridades do *sistema processual adotado*), face à dificuldade de acesso à legislação estadual paulista da época, não se encontra disponível em doutrina.[2] O fato, embora relevante, não prejudica por completo o desenvolvimento do estudo ora proposto, pois que, diante do desiderato traçado, interessa mais de perto conhecer e bem compreender os ditames consagrados pelo Decreto-lei n. 1.237/39, diploma que, embora pouco mencionado, antecedeu a previsão processual consolidada.

O Decreto-lei ora aludido, que teve por principal escopo a organização de uma *Justiça Administrativa do Trabalho*, já em 1939 revelara as linhas mestras do modelo processual que seria, quatro anos mais tarde, adotado pela CLT.[3] Eis o porquê da imperiosa necessidade de melhor conhecê-lo.

---

(1) Nesta linha vide: GIGLIO, Wagner D.; CORRÊA, Claudia Giglio Veltri. *Direito processual do trabalho*. 15. ed. São Paulo: Saraiva, 2005. p. 1-6; MARTINS, Sérgio Pinto. *Direito processual do trabalho*. 27. ed. São Paulo: Atlas, 2005. p. 12-17.
(2) Nem mesmo a fonte oficial do Estado de São Paulo disponibiliza o texto da Lei n. 1.869 de 10 de outubro de 1922.
(3) "Do ponto de vista processual, a CLT manteve as regras da legislação de 1939 com algumas pequenas alterações (...)". NETO, Francisco Ferreira Jorge; CAVALCANTE, Jouberto de Quadros Pessoa. *Direito processual do trabalho*. Rio de Janeiro: Lumen Iuris, 2007. p. 16.

Do ponto de vista da organização estrutural, segundo o Decreto-lei, compunham a *Justiça Administrativa do Trabalho* os órgãos, a saber: (a) as Juntas de Conciliação e Julgamento e os Juízes de Direito; (b) os Conselhos Regionais do Trabalho e (c) o Conselho Nacional do Trabalho.[4] As atribuições de cada qual constavam de "secção" específica.[5] Em nome da objetividade (recorte científico proposto), nada obstante a relevância da integralidade do texto legal, importa analisar mais detidamente o conteúdo do *Título III* do diploma sob comento, pois que intitulado *Do processo na Justiça do Trabalho*.[6]

A primeira providência do capítulo responsável pelas disposições gerais de natureza processual caracterizava-se por proscrever o regime da *tentativa obrigatória de conciliação* entre os interessados.[7] Inexitosa esta, consoante dispunha o texto legal, "o Juízo Conciliatório" converter-se-ia "obrigatoriamente, em arbitral, proferindo a Junta, Juiz ou Tribunal decisão que" valeria "como sentença". O fato de se dar por encerrado o *juízo conciliatório*, destaque-se, jamais retirou dos interessados a prerrogativa de celebrar quaisquer acordos.[8]

Do ponto de vista procedimental, as *Juntas, Juízes e Tribunais* detinham "ampla liberdade na direção do processo" devendo velar, sempre, "pelo andamento rápido das Causas, podendo determinar quaisquer diligências necessárias ao esclarecimento delas, inclusive a intimação e condução coercitiva das pessoas cujas informações como testemunhas" se mostrassem "precisas".[9] Ainda que o *processo do trabalho* revelasse natureza estritamente administrativa, havia, desde lá, previsão expressa de aplicação subsidiária das regras do *Direito Processual Comum*.[10]

No que diz com o regramento aplicável aos *dissídios individuais* na etapa cognitiva, o Capítulo II do Título III anunciava, dentre outros, (a) a possibilidade da apresentação da reclamatória na forma *verbal* (art. 40); (b) a desnecessidade da prestação de assistência por parte dos pais, tutares ou maridos para que os menores de 18 anos pudessem pleitear suas irresignações face aos empregadores (art. 40, § 2º); (c) a viabilidade da *cumulação de ações* quando presente a identidade de matéria tratando-se de interesses de empregados de uma mesma empresa ou estabelecimento (art. 40, § 3º); (d) intimação do reclamado pela

---

(4) Vide art. 2º do Decreto-lei n. 1.237/39.
(5) Vide seções II, III e IV do Capítulo I do Decreto-lei n. 1.237/39.
(6) O Título III do Decreto-lei n. 1.237/39 era composto por 05 (cinco) capítulos distintos (*Disposições gerais; Dos processos dos dissídios individuais; Do processo dos dissídios coletivos; Da execução; Dos recursos).*
(7) "Art. 30. Os conflitos, individuais ou coletivos, levados à apreciação da Justiça do Trabalho, serão submetidos, preliminarmente, a conciliação."
(8) Vide § 2º do art. 30 do Decreto-lei n. 1.237/39.
(9) Vide art. 31 do Decreto-lei n. 1.237/39.
(10) A respeito do tema na atualidade vide compilação de artigos in: CHAVES, Luciano Athayde (Org.). *Direito processual do trabalho:* reforma e efetividade. São Paulo: LTr, 2007.

via postal (art. 41, § 1º); (e) tratamento diverso aos contendores no caso de não comparecimento à audiência (art. 43); (f) limitação, de três por parte, do número de testemunhas a serem ouvidas no processo (art. 40) e, por fim, (g) a possibilidade de prolação de sentença em audiência (art. 45, § 4º).

No concernente à *execução* autorizava-se (h) a execução *ex officio* (art. 67); (i) execução provisória até a penhora (art. 73) e, ao que tudo indica, (j) aplicação subsidiária dos ditames normativos dos executivos fiscais (art. 71).[11][12] No âmbito recursal destacavam-se (k) a irrecorribilidade imediata das decisões não definitivas (art. 72);[13] (l) a exigência de depósito recursal (art.72, *parágrafo único*); (m) prazo de 10 (dez) dias nos dissídios individuais e 20 (vinte) nos dissídios coletivos para propositura do recurso competente (art. 75); (n) recurso para o *Conselho Nacional do Trabalho* quando o *Conselho Regional* atribuísse à lei inteligência diversa da atribuída por distinto *Conselho Regional* ou pelo *Conselho Nacional* (art. 76), entre outras.[14][15]

Já no âmbito do *processo coletivo* (dissídios coletivos)[16] previa-se (o) legitimidade ao Presidente do Tribunal para provocar *ex officio* a conciliação entre os interessados, sempre que ocorresse suspensão de trabalho (art. 57); (p) aprazamento de audiência no prazo de 10 (dez) dias, estando a representação conforme as exigências legais (art. 58); (q) inexistindo acordo, prolação de julgamento pelo Tribunal (art. 60); (r) faculdade de patrocínio advocatício (art. 60, § 2º); (s) recurso para o *Conselho nacional do Trabalho* (art. 60, § 3º); (t) possibilidade de delegação por parte do Tribunal, a órgão local, da prática de atos relativos à tentativa conciliatória (art. 62); (u) notificação das decisões do Tribunal pela via postal (art. 63), e etc. A tentativa de implementação de um

---

(11) Diz-se "*ao que tudo indica*" porque a fonte oficial do governo brasileiro disponibiliza a seguinte redação do texto legal: "Art. 71 Nos transmites e incidentes do processos de execução são(ilegível) naquilo em que não contravierem aos presentes Decreto-lei. Os(ilegível) que regem o processo dos executivos fiscais para a (ilegível) judicial da divida ativa da Fazenda Publica" (grifos nossos). Vide: <http://www.planalto.gov.br/ccivil_03/Decreto-Lei/1937-1946/Del1237.htm>, consultado em: 6.12.2010.
(12) A respeito do atual sistema de execução no processo do trabalho, vide: OLIVEIRA, Francisco Antonio de. *Execução na Justiça do Trabalho*. 6. ed. São Paulo: RT, 2007.
(13) No que se refere à redação do art. 72 há, a exemplo do art. 71, dúvida a respeito do teor integral do texto legal. A publicação oficial está assim redigida: "Art. 72 Os(ilegível) do processo serão resolvidos pelo próprio órgão ou tribunal julgador, não cabe recurso das decisões (ilegível)". No entanto, decorre da interpretação sistemática do capítulo o não cabimento de recurso nos termos ora apontados.
(14) O Decreto-lei n. 1.237/39, em seu art. 17, parágrafo único, ordenou que a "nova organização" e as atribuições do Conselho Nacional do Trabalho seriam objeto de lei especial. O Decreto-lei n. 1.346/39 tratou de cumprir a tarefa.
(15) "No dia 1º de maio de 1941, no campo de futebol do Vasco da Gama, Getúlio Vargas declarou a Justiça do Trabalho no Brasil.". CAVALCANTE, Jouberto de Quadros Pessoa. *Direito processual do trabalho*. p. 15.
(16) Não duvidamos de que o *mundo processual coletivo laboral* represente, contemporaneamente, universo bem maior do que o plano dos dissídios *coletivos* tal como posto pela doutrina clássica. A expressão é aqui utilizada apenas para guardar correspondência com a redação utilizada pelo Decreto-lei n. 1.237/39.

modelo processual arquitetado à luz do sistema da *oralidade* verificava-se, destarte, já na matéria (im)posta pelo decreto em epígrafe.[17]

Consoante informamos, do ponto de vista constitucional revelou-se inovadora a Carta de 1934 ao instituir, ainda que sem as garantias atribuídas ao Poder Judiciário — *não a reconhecia como integrante do aludido poder* —, a *Justiça do Trabalho*.[18] A referida *Justiça* (vinculada ao Ministério do Trabalho), nada obstante tenha sido formalmente "instalada" apenas em 1941, pelo menos em tese, integrou o Poder Executivo por mais de uma década, ou melhor, até o reconhecimento de seu assento judiciário pela Carta constitucional de 1946.[19][20][21][22][23][24]

Antes disso, porém, mais precisamente em 1º de maio de 1943, abrolha a *Consolidação das Leis do Trabalho*, instrumento normativo que, em matéria de

---

(17) A respeito do tema (sistema) da *oralidade* no processo, indispensável, dentre outras, a leitura das obras, a saber: CHIOVENDA, Giuseppe. *Instituições de direito processual civil*. 2. ed. São Paulo: Saraiva, 1965; Lo stato attuale del processo civile in Italia e il progetto Orlando di riforma processuali (1909). In: *Saggi di diritto processuale (1894-1937)*. Milano: Giuffrè, 1993, v. I; Sulla influenza delle idee romane nella formazione dei processi civili moderni (1933-1935). In: *Saggi di diritto processuale (1894-1937)*. Milano: Giuffrè, 1993, v. II.
(18) Art. 122 — Para dirimir questões entre empregadores e empregados, regidas pela legislação social, fica instituída a Justiça do Trabalho, à qual não se aplica o disposto no Capítulo IV do Título I. Parágrafo único — A constituição dos Tribunais do Trabalho e das Comissões de Conciliação obedecerá sempre ao princípio da eleição de membros, metade pelas associações representativas dos empregados, e metade pelas dos empregadores, sendo o presidente de livre nomeação do Governo, escolhido entre pessoas de experiência e notória capacidade moral e intelectual. (CF/1934). Disponível em: <http://www.planalto.gov.br/ccivil_03/Constituicao/Constitui%C3%A7ao34.htm>, (re)consultada em: 6.12.2010.
(19) Vide art. 94, inciso V da Constituição Federal de 1946.
(20) Segundo Giglio, "alguns dias antes de entrar em vigor a Constituição, cujo teor já era conhecido, o Decreto-lei n. 9797 veio integrar a Justiça do Trabalho, definitivamente, entre os órgãos do Poder Judiciário, organizando a carreira de Juiz do Trabalho (...)". GIGLIO. Wagner D.; CORRÊA, Claudia Giglio Veltri. *Direito processual do trabalho*. p. 5.
(21) A Constituição de 1937 previu, na linha da Carta de 1934 que: "Art 139 — Para dirimir os conflitos oriundos das relações entre empregadores e empregados, reguladas na legislação social, é instituída a Justiça do Trabalho, que será regulada em lei e à qual não se aplicam as disposições desta Constituição relativas à competência, ao recrutamento e às prerrogativas da Justiça comum.".
(22) "A Constituição de 1937 (não aplicada, é verdade), referindo-se a uma 'Justiça do Trabalho', induziria, alguns anos após, ao aperfeiçoamento do sistema, à medida que elevava seu patamar institucional. A Justiça do Trabalho seria, por fim, efetivamente regulamentada pelo Decreto-lei n. 1.237, de 1.5.1939". DELGADO, Mauricio Godinho. *Curso de direito do trabalho*. 4. ed. São Paulo: LTr, 2005. p. 111.
(23) O enquadramento administrativo da Justiça do Trabalho foi superado pela Constituição de 1946, que, inclusive, deu nova roupagem aos órgãos integrantes do *sistema de justiça especializado*. Consoante dispunha a CF/46 passaram o compor o *sistema de justiça trabalhista* (a) o Tribunal Superior do Trabalho (em substituição ao *Conselho Nacional do Trabalho*), (b) os Tribunais Regionais (em substituição aos *Conselhos Regionais*) e, (c) as Juntas ou Juízes de Conciliação do Trabalho. Vide art. 122 da CF/46.
(24) Vide: ROMITA, Arion Sayão. *Justiça do Trabalho*: produto do Estado Novo. In: ROMITA, Arion Sayão. *Direito do trabalho*: temas em aberto. São Paulo: LTr, 1998. p. 611-631.

processo, manteve, com diminutas alterações, o modelo processual até então adotado pela legislação de 1939.[25][26] Diante deste quadro, contudo, não se pode perder de vista que o texto normativo consolidado, pelo menos do ponto de vista processual, nasce fortemente influenciado pelos ditames de um sistema projetado para atuar no âmbito administrativo, sublinhe-se, não judicial.[27][28]

Hodiernamente a Constituição Federal de 1988 reconhece a *Justiça do Trabalho* como integrante do Poder Judiciário mediante previsão de seu art. 92, inciso IV, a exemplo do que ocorrera com as demais Constituições a partir de 1946. O art. 111, por sua vez, informa que compõem a *Justiça especializada* (I) o Tribunal Superior do Trabalho, (II) os Tribunais Regionais do Trabalho e, por fim, (III) os Juízes do Trabalho. A figura das *Juntas* foi extirpada do ordenamento pátrio por força da Emenda Constitucional n. 24 em 1999, nada obstante o texto *consolidado*, ainda hoje, a elas faça alusão.[29]

Atualmente, além do texto consolidado, a Lei n. 5.584/70 versa a respeito do *modelo processual* aplicável ao contexto laboral.

1.2. Características e Anseios do *Sistema Processual* albergado pela Consolidação das Leis do Trabalho

É costumeiro encontrarmos em doutrina a afirmativa de que o *processo do trabalho* desenhado pela CLT nasce incumbido de superar o formalismo exacerbado que impregnara o *processo civil* de outrora, visando, sempre, a rápida

---

(25) "Do ponto de vista processual, a CLT manteve as regras da legislação de 1939 com algumas pequenas alterações, das quais se destacam: "a) a competência originária das JCJs para apreciar os inquéritos administrativos" e "b) a criação dos prejulgados do CNT com força vinculante para as instâncias inferiores". NETO, Francisco Ferreira Jorge; CAVALCANTE, Jouberto de Quadros Pessoa. *Direito processual do trabalho*. p. 16.
(26) Ignorando a existência da previsão contida na redação originária do art. 902, § 4º, da CLT, há quem sustente o ineditismo do sistema das súmulas vinculantes adotado entre nós por força do art. 103-A da CF/88, incluído pela E.C. n. 45/2004 e regulamentado pela Lei n. 11.417/06.
(27) Do ponto de vista material, costuma-se dizer, grosso modo, que o Direito do Trabalho brasileiro é fruto de cópia do modelo estruturado pela *Carta Del Lavoro* italiana de 21 de abril de 1927. A análise da *Carta* no que diz com sua matéria processual é quase inútil, pois que, salvo as disposições constantes dos itens V e X, que indiretamente abordam o processo, nada versa a respeito. Assim sendo, é possível asseverar que o regime processual implantado pela CLT em nada deriva da famigerada disposição facista.
(28) Em sentido contrário, entendendo que o *sistema processual trabalhista* teria sido imposto pelo Decreto-lei n. 9.797/46 (após a jurisdicionalização da Justiça do Trabalho), vide: SILVA, Alessandro da Silva; FAVA, Marcos Neves. *Critérios de aferição da incidência da reforma do Processo Civil ao Processo do Trabalho*. In: CHAVES, Luciano Athayde (Org.). *Direito processual do trabalho*: reforma e efetividade. São Paulo: LTr, 2007. p. 133. Cabe ressaltar que o Decreto referido em nenhum dos seus dezoito artigos traz qualquer regramento de natureza processual, senão apenas alterações que dizem com a organização judiciária da Justiça especializada.
(29) Vide, exemplificativamente, o conteúdo do art. 644, alínea *c* da CLT.

e efetiva solução dos conflitos laborais face à natureza do crédito em debate.[30] Diante da afirmativa cumpre rememorar, ainda que sucintamente, as principais características apresentadas pelo *processo civil brasileiro* ao tempo do arquitetamento do sistema laboral.

Nenhuma novidade pode representar a afirmativa de que a "independência brasileira encontrou-nos sob o regime jurídico das Ordenações do Reino".[31] O rompimento do cordão umbilical político com Portugal não levou-nos a "rejeitar em bloco a legislação lusitana", cuja vigência foi assegurada mediante Decreto imperial datado de 20 de outubro de 1823.[32] O Brasil, politicamente independente, manteve-se juridicamente vinculado à legislação portuguesa por longo lapso temporal. Os apontamentos constantes das Ordenações Filipinas, fortemente influenciadas pelos ordenamentos romano e canônico, foram alçados à condição de regramento oficial brasileiro, respeitadas, contudo, a soberania e os ditames estatais.[33][34][35]

> O processo era escrito e desenvolvia-se por fases, paralisando ao fim de cada uma delas, e se desenrolava por exclusiva iniciativa das partes. Suas principais características consistiam na observância dos seguintes princípios, consagrados pelo Livro III das Ordenações Filipinas: a) forma escrita, de sorte que só o que estava escrito nos autos era

---

(30) "Ora, a construção dos fundamentos do Direito Processual do Trabalho foi feita utilizando-se os 'tijolos' do Direito Processual Civil, tendo em vista a inexistência de uma doutrina própria. Nessa construção, no entanto, foram utilizados alguns temperamentos para abrandar o formalismo do Direito Processual Civil, os quais consistiam numa simplificação pontual do processo, como, por exemplo, a concentração dos atos processuais em audiência (CLT, art. 841), atribuição do *ius postulandi* aos próprios litigantes (CLT, art. 791), provocação da tutela executiva de ofício (CLT, art. 878), irrecorribilidade imediata das decisões interlocutórias (CLT, art. 893, § 1º), entre outras.". CORDEIRO, Wolney de Macedo. Da releitura do método de aplicação subsidiária das normas de direito processual comum ao processo do trabalho. In: CHAVES, Luciano Athayde (Org.). *Direito processual do trabalho: reforma e efetividade*. São Paulo: LTr, 2007. p. 28-29.
(31) THEODORO JR., Humberto. *Curso de direito processual civil*. 41. ed. Rio de Janeiro: Forense, 2004, v.1. p. 14.
32) DINAMARCO, Cândido Rangel; GRINOVER, Ada Pelegrini; CINTRA, Antonio Carlos de Araújo. *Teoria geral do processo*. p. 104.
(33) "Essa legislação, que provinha de Felipe I e datava de 1603, encontrava suas fontes históricas no Direito Romano e no Direito Canônico.". THEODORO JR., Humberto. *Curso de direito processual civil*. p. 14.
(34) "As Ordenações Filipinas, promulgadas por Felipe I em 1603, foram grandes codificações portuguesas, precedidas pelas Ordenações Manuelinas (1521) e pelas Afonsinas (1456), cujas fontes principais foram o Direito Romano e o Direito Canônico, além das leis gerais elaboradas desde o reinado de Afonso II, de concordatas celebradas entre reis de Portugal e autoridades eclesiásticas, das Sete Partidas de Castela, de antigos costumes nacionais e dos foros locais.". DINAMARCO, Cândido Rangel; GRINOVER, Ada Pelegrini; CINTRA, Antonio Carlos de Araújo. *Teoria geral do processo*. p. 104.
(35) "Assim, o país herdava de Portugal as normas processuais contidas nas Ordenações Filipinas e em algumas leis extravagantes.". DINAMARCO, Cândido Rangel; GRINOVER, Ada Pelegrini; CINTRA, Antonio Carlos de Araújo. *Teoria geral do processo*. p. 104.

considerado pelo Juiz; b) havia atos em segredo de Justiça: as partes não participavam da inquirição de testemunhas e tinham que usar embargos de contradita para provar motivos de suspeita; c) observava-se o princípio dispositivo em toda plenitude: autor e réu eram donos do processo, cuja movimentação era privilégio dos litigantes.[36][37]

O primeiro esmero brasileiro em distanciar-se do regramento lusitano teve por principal fundamento afastar a aplicação do precário regime jurídico estatuído para a esfera penal, incompatível com o grau de civilização alcançado no Brasil da época. Por determinação constitucional, no início dos anos 30, veio à lume o denominado *Código Criminal do Império*, diploma que contou com seção destinada a estabelecer disposições provisórias "acerca da administração da Justiça civil". Com apenas "vinte-e-sete artigos, a disposição provisória simplificou o procedimento, suprimiu formalidades excessivas e inúteis, excluiu recursos desnecessários — enfim criou condições excelentes" para o alcance das finalidades do processo civil.[38]

Em meados do século XIX, visando potencializar a exigência de cumprimento dos direitos previstos pelo *Código Comercial Brasileiro*, abrolha o Regulamento 737/1850.[39] Inauguralmente suas disposições alcançaram apenas os feitos de natureza comercial. O Decreto teve sua aplicabilidade alargada às causas cíveis em geral, com algumas exceções, por força do Decreto n. 763, 40 anos mais tarde.[40][41][42][43][44]

---

(36) THEODORO JR., Humberto. *Curso de direito processual civil.* p. 14.
(37) "Além disso, o processo dividia-se em várias fases e compreendia diversas audiências: a) após o pedido e a citação, realizava-se a primeira audiência, que era de acusação da citação e oferecimento do libelo do autor. Iniciava-se então o prazo da contestação; b) se ocorresse à revelia, outra audiência era realizada, para sua acusação; c) a prova ficava exclusivamente a cargo da parte e o juiz só tomava conhecimento de fato provado nos autos se alegado pelas partes; d) os recursos contra decisões interlocutórias tinham efeito suspensivo; e) ao fim de cada fase, o processo paralisava, à espera de impulso da parte. 'O juiz, numa expressivamente imagem, funcionava com um relógio, a que a parte, de quando em quando, desse corda para alguns minutos.'". THEODORO JR, Humberto. *Curso de direito processual civil.* p. 14.
(38) DINAMARCO, Cândido Rangel; GRINOVER, Ada Pelegrini; CINTRA, Antonio Carlos de Araújo. *Teoria geral do processo.* p. 105.
(39) "Sancionado o Código Comercial de 1850, o Governo Imperial editou o primeiro Código Processual elaborado no Brasil: o famoso Regulamento 737, de 25 de novembro daquele mesmo ano, destinado, nos termos do art. 27 do Título único que completava o Código do Comércio, a 'determinar a ordem do juízo no processo comercial'.". DINAMARCO, Cândido Rangel; GRINOVER, Ada Pelegrini; CINTRA, Antonio Carlos de Araújo. *Teoria geral do processo.* p. 106.
(40) "Foram publicados os Regulamentos 737 e 738, para entrar em vigor, juntamente com o Código Comercial, ambos de 25 de novembro de 1850. O Regulamento 737 foi de grande importância até a edição do atual Código de Processo Civil. Seu objetivo era determinar a ordem do juízo no processo comercial. Foi notável especialmente em relação à economia e simplicidade do procedimento, porém, em virtude de prolongadas campanhas e críticas em 1871, restabeleciam-se as orientações do antigo Código de Processo Criminal. O Governo encarregou o Conselheiro Antônio Joaquim Ribas para reunir todas as normas relativas ao processo civil. Em 1876 a Consolidação das Leis do Processo Civil

Comparando os sistemas estabelecidos pelo *Regulamento* e pelas *Ordenações Filipinas* destacam-se as alterações, a saber: a mudança "a) tornou pública a inquirição; b) suprimiu as exceções incidentes, limitando à incompetência, suspeição, ilegitimidade de parte, litispendência e coisa julgada; c) permitiu, ao juiz, em matéria de prova, conhecer do fato demonstrado, sem embargo da ausência de referência das partes".[45]

É de considerável relevo nesta trajetória registrar o incidente legislativo ocorrido vinte anos após a promulgação do *Regulamento 737*, oportunamente rememorado por consagrada doutrina:

> (...) em virtude de prolongada campanha, restabelecia-se, através da Lei n. 2.033, de 20 de setembro de 1871 (regulada pelo Dec. n. 4.824, de 22.11.71), a mesma orientação liberal do antigo Código de Processo Criminal do Império. Neste meio-tempo, as causas civis continuaram a ser reguladas pelas Ordenações e suas alterações. Sendo inúmeras as leis modificativas das Ordenações, o Governo, dando cumprimento à referida Lei n. 2.033, de 20 de setembro de 1871, encarregou o Cons. Antonio Joaquim Ribas de reuni-las em um conjunto que contivesse toda a legislação relativa ao processo civil. A Consolidação das Leis do Processo Civil, elaborada por Ribas, passou a ter força de lei, em virtude de resolução imperial de 28 de dezembro de 1876. O trabalho do Conselheiro Ribas, na verdade, não se limitou a compilar as disposições processuais então vigentes. Foi além, reescrevendo-as muitas vezes tal como interpretava; e, como fonte de várias disposições

---

passou, então, a ter força de lei. Dividia-se em duas partes: a primeira, relativa à organização judiciária; e a segunda, à forma do processo. Com a proclamação da República uma das primeiras medidas tomadas pelo Governo Republicano com relação ao processo civil, foi que se aplicassem, ao processo, julgamento e execução das causas cíveis em geral, as disposições do Regulamento 737 de 1850. Entretanto, manteve em vigor as disposições que regulavam os processos especiais, não compreendidos pelo referido Regulamento.". FRANCO, Loren Dutra. *PROCESSO CIVIL — Origem e Evolução Histórica*. Juiz de Fora, consultado em: 8.10.2009, in: <http: www.viannajr.edu.br-revista-dir-doc-art_20002.pdf>.
(41) O referido diploma data de 25.11.1850, tendo sido publicado na CLBR de 1850. p. 271.
(42) "Art. 1º. Todo o Tribunal ou Juiz que conhecer dos negócios e causas commerciaes, todo o arbitro ou arbitrador, experto ou perito que tiver de decidir sobre objectos, actos, ou obrigações commerciaes, é obrigado a fazer applicação da legislação commercial aos casos occurrentes (art. 21 Tit. unico do Codigo Commercial)."
(43) Rezou o art. 1º do Decreto n. 763-1890, publicado na CLBR de 1890, em 19.9.1890, que "São applicaveis ao processo, julgamento e execução das causas civeis em geral as disposições do regulamento n. 737 de 25 de novembro de 1850, excepto as que se conteem no titulo 1º, no capitulo 1º do titulo 2º, nos capitulos 4º e 5º do titulo 4º, nos capitulos 2º, 3º e 4º e secções 1ª e 2ª do capitulo 5º do titulo 7º, e no titulo 8º da primeira parte. Paragrapho unico. Continuam em vigor as disposições legaes que regulam os processos especiaes, não comprehendidos no referido regulamento."
(44) Segundo Theodoro Júnior, "o primeiro Código Processual nacional". THEODORO JR, Humberto. *Curso de direito processual civil*. p. 14.
(45) THEODORO JR., Humberto. *Curso de direito processual civil*. p. 15.

de sua Consolidação, invocava a autoridade não só de textos romanos, como de autores de nomeada, em lugar de regras legais constantes das Ordenações ou de leis extravagantes.[46]

O *Regulamento* tornou a ocupar lugar de destaque no cenário nacional com a assunção do Governo Republicano que elasteceu sua aplicação à totalidade do contexto processual não criminal em 1890. O diploma vigeu até a promulgação da Constituição Federal de 1891.[47]

A dita *Constituição Republicana* inaugurou período de descentralização no Direito Processual brasileiro, estabelecendo competência à União para "legislar sobre o Direito Civil, Comercial e Criminal da República e o processual da Justiça Federal".[48] Cada Estado-membro passou a ter legitimidade para elaborar suas próprias regras processuais. Eis a era dos códigos estaduais.[49]

Não tendo a experiência alcançado resultados convincentes, a Carta Constitucional de 1934, que já aludia à *Justiça do Trabalho* (ainda como órgão administrativo), acabou por restabelecer o princípio da unidade de trato em matéria processual.[50][51] Atribuiu-se à União, contudo, competência para

---

(46) DINAMARCO, Cândido Rangel; GRINOVER, Ada Pelegrini; CINTRA, Antonio Carlos de Araújo. *Teoria geral do processo*. p. 106.
(47) "Com a Constituição de 1891 consagrou-se, a par da dualidade de Justiça — Justiça Federal e Justiças Estaduais — a dualidade de processos, com a divisão do poder de legislar sobre Direito Processual entre a União Federal e os Estados. Elaborou-se, portanto, de um lado, a legislação federal de processo, cuja consolidação, preparada por José Higino Duarte Pereira, foi aprovada pelo Dec. n. 3.084, de 5 de novembro de 1898; de outro lado, iniciaram-se aos poucos os trabalhos de preparação dos Códigos de Processo Civil e dos Códigos de Processo Criminal estaduais, na maioria presos ao figurino federal.". DINAMARCO, Cândido Rangel; GRINOVER, Ada Pelegrini; CINTRA, Antonio Carlos de Araújo. *Teoria geral do processo*. p. 107.
(48) Vide art. 34, 23º, CF/1891.
(49) "(...) quase todos simples adaptações do figurino federal, por falta de preparo científico dos legisladores para renovar e atualizar o Direito Processual pátrio. Apenas no Código da Bahia e no de São Paulo se notou a presença de inovações inspiradas no moderno Direito Processual europeu". THEODORO JR., Humberto. *Curso de direito processual civil*. p. 15.
(50) "Com a Constituição Federal de 1934, concentrou-se novamente na União a competência para legislar com exclusividade em matéria de processo, mantendo-se as regras nas Constituições subsequentes.". DINAMARCO, Cândido Rangel; GRINOVER, Ada Pelegrini; CINTRA, Antonio Carlos de Araújo. *Teoria geral do processo*. p. 107.
(51) A exposição de motivos do CPC/39, sem o temor maior do equívoco, revela a insatisfação geral face à materialidade das normas processuais vigentes em cada qual dos Estados da Federação. Restou dito que o documento legislativo apresentado "já era uma imposição da Lei constitucional de 34, e continuou a sê-lo da Constituição de 37. Era, porém, sobretudo, uma imposição de alcance e de sentido mais profundos: de um lado, a nova ordem política reclamava um instrumento mais popular e mais eficiente para a distribuição da justiça; de outro, a própria ciência do processo, modernizada em inúmeros países pela legislação e pela doutrina, exigia que se atualizasse o confuso e obsoleto corpo de normas que, variando de Estado para Estado, regia a aplicação da lei entre nós. Já se tem observado que o processo não acompanhou, em nosso país, o desenvolvimento dos outros ramos do direito. (...)".

legislar a respeito da matéria.[52][53][54] Veio à baila o projeto elaborado por Pedro Batista Martins que, aprovado pelo então Ministro Francisco Campos, transformou-se no Decreto-lei n. 1.608.[55] Inspirado nos Códigos austríaco, alemão e português, abrolha o *Código de Processo Civil Brasileiro de 1939* — CPC/39.[56]

O CPC/39 caracterizou-se pela peculiaridade de albergar uma parte geral moderna, inspirada nas legislações retromencionadas e nos trabalhos de revisão legislativa italiana, e uma parte especial "anacrônica, ora demasiadamente fiel ao velho processo lusitano, ora totalmente assistemática".[57] No mesmo ano viera à lume o Decreto-lei n. 1.237.

Consoante sublinhamos, a Consolidação das Leis do Trabalho incorporou o sistema processual edificado pelo Decreto-lei n. 1.237/39, e ao fazê-lo estruturou seu modelo processual, ao que tudo indica, com base no que a doutrina italiana convencionou chamar *sistema da oralidade*, já no início do século XX.[58][59][60]

---

(52) "Art 5º — Compete privativamente à União: (...) XIX — legislar sobre: a) direito penal, comercial, civil, aéreo e processual, registros públicos e juntas comerciais;"
(53) "Após a implantação do regime forte de 1937, o Governo encarregou uma comissão de elaborar o Código de Processo Civil, que, entretanto, não conseguiu ultimar seu trabalho, em razão de divergências insuperáveis entre seus membros.". THEODORO JR., Humberto. *Curso de direito processual civil*. p. 15.
(54) "Somente a de 1988 foi que, mantendo em princípio tal competência exclusiva quanto às normas processuais em sentido estrito, deu competência concorrente aos Estados para legislar sobre 'procedimentos em matéria processual (art. 24, inc. X). O primeiro desses dispositivos parte da distinção entre normas processuais e normas sobre procedimento, de difícil determinação.". DINAMARCO, Cândido Rangel; GRINOVER, Ada Pelegrini; CINTRA, Antonio Carlos de Araújo. *Teoria geral do processo*. p. 107.
(55) Revisaram o projeto, ainda, Guilherme Estelita e Abgar Renault. DINAMARCO, Cândido Rangel; GRINOVER, Ada Pelegrini; CINTRA, Antonio Carlos de Araújo. *Teoria geral do processo*. p. 108.
(56) O CPC/39 entrou em vigor em 1º de março de 1940, ano em que desembarcara no Brasil aquele que viria a ser o mentor intelectual do CPC/73, Enrico Tullio Liebman.
(57) DINAMARCO, Cândido Rangel; GRINOVER, Ada Pelegrini; CINTRA, Antonio Carlos de Araújo. *Teoria geral do processo*. p. 74.
(58) Vide, dentre outros, com grande proveito: CHIOVENDA, Giuseppe. *Instituições de direito processual civil*. 2. ed. São Paulo: Saraiva, 1965; Lo stato attuale del processo civile in Italia e il progetto Orlando di riforma processuali (1909). In: *Saggi di diritto processuale (1894-1937)*. Milano: Giuffrè, 1993, v. I; Sulla influenza delle idee romane nella formazione dei processi civili moderni (1933-1935). In: *Saggi di diritto processuale (1894-1937)*. Milano: Giuffrè, 1993, v. II.
(59) Ainda a respeito da *oralidade*: CAPPELLETI, Mauro. *Valor actual del princípio de oralidad in la oralidad y las pruebas en el processo civil*. Buenos Aires: Ed. Jurídicas Europa-América, 1972; MAIOR, Jorge Luiz Souto. *Direito processual do trabalho*: efetividade, acesso à justiça e procedimento oral. São Paulo: LTr, 1998; ARAÚJO, Francisco Rossal de. O princípio da oralidade no processo do trabalho (uma análise comparativa dos sistemas normativos do Brasil e da Espanha). In: *Cadernos da Amatra*. Porto Alegre: Hs, a. III, n. 9, out./dez., 2008. p. 48-63. SANTOS, Moacir Amaral. *Primeiras linhas de direito processual civil*. 23. ed. São Paulo: Saraiva, 2004. v. II, p. 85-86.
(60) A respeito da base ideológica formadora do Direito *Processual do Trabalho*, vide: CORDEIRO, Wolney de Macedo. *Da releitura do método de aplicação subsidiária das normas de direito processual comum ao processo do trabalho*. In: CHAVES, Luciano Athayde (Org.). *Direito processual do trabalho*: reforma e efetividade. São Paulo: LTr, 2007. p. 39-44.

Ainda que parte da doutrina não o faça, é preciso, a nosso sentir, distinguir o *princípio da oralidade propriamente dito* do *sistema processual pautado na oralidade,* a fim de melhor compreendê-lo.

O primeiro, consoante se extrai, exemplificativamente, dos escritos de James Goldschmidt, possui objeto restrito. Indica, segundo consta, pouco mais do que a *supremacia da palavra oral sobre a escrita*.[61] Segundo o renomado autor, o "*princípio da oralidade* significa que somente as alegações expressadas oralmente podem chegar a constituir fundamentos da sentença".[62]

O segundo, por sua vez, não se reduz à faceta suprarreferida, representando esta, na melhor das hipóteses, apenas uma de suas vertentes.[63][64] É possível afirmar que, enquanto sistema, a *oralidade* representa espécie de *rótulo* atribuído a determinados ordenamentos processuais que acolhem um somatório de *princípios* e *posturas* aptos a tornar o contato do julgador com as partes (e não tão somente com os arrazoados de seus procuradores) e com a realidade fática, o mais próximo possível. Explicamo-nos. Consoante preconiza doutrina autorizada, a "oralidade constitui mais propriamente um verdadeiro modelo de processo, cujas linhas essenciais são: predomínio da palavra falada sobre a escrita, concentração, imediação, identidade física do juiz, publicidade e irrecorribilidade em separado das decisões interlocutórias".[65]

> (...) como ensina CHIOVENDA — o principal defensor (...) da *oralidade* —, esse nome foi adotado para satisfazer a necessidade de exprimir-se como uma fórmula simples e representativa um complexo de ideias e princípios que, embora sejam perfeitamente identificáveis e autônomos, são entre si ligados por um propósito comum.[66]

A lição básica, consoante a melhor doutrina, dá-se no sentido de que o modelo da *oralidade* processual cumpre o especial mister, primeiro, de ofertar

---

(61) Neste mesmo sentido: MARTINS FILHO, Ives Gandra. *Manual esquemático de direito e processo do trabalho.* São Paulo: Saraiva, 2006. p. 165.
(62) GOLDSCHMIDT, James. *Direito processual civil.* Campinas: Bookseller, 2003. t. I, p. 121.
(63) "Oralidade não significa simplesmente predomínio da palavra falada sobre a palavra escrita no processo". ALVARO DE OLIVEIRA, Carlos Alberto; MITIDIERO, Daniel. *Curso de processo civil.* São Paulo: Atlas, 2010. v. I, p. 83.
(64) "A prevalência da palavra falada como meio de expressão, ao invés da escrita, é uma proposição que, em si mesma, nada representa, tendo apenas relevância para o processo à medida que, sendo empregada como instrumento para a comunicação entre o juiz e as partes, força um contato pessoal entre o julgador e os litigantes, tornando possível ao juiz uma apreensão imediata do litígio, em sua versão original e autêntica, que lhe transmitem de viva voz os próprios contendores, dando-lhe, igualmente, o ensejo de presidir a coleta do material probatório com base no qual haverá de fundamentar a futura decisão". SILVA, Ovídio Baptista da. *Curso de processo civil.* 7. ed. Rio de Janeiro: Forense, 2005. p. 52.
(65) ALVARO DE OLIVEIRA, Carlos Alberto; MITIDIERO, Daniel. *Curso de processo civil.* p. 83.
(66) SILVA, Ovídio Baptista da. *Curso de processo civil.* 7. ed. Rio de Janeiro: Forense, 2005. p. 52.

ao jurisdicionado prestação estatal capaz de encurtar o gueto geralmente existente entre a *verdade dos fatos* e a *verdade processual*; segundo, por albergar o *princípio da identidade física do juiz*, revela-se promoção capaz de assegurar a plena efetividade dos *princípios da oralidade em sentido estrito* e da *imediatidade*, fazendo do magistrado o responsável direto pela colheita da prova, dando-lhe mais condições de identificar, com maior justeza, a veracidade das versões alegadas.[67]

Destaque-se, ainda, que o guarda-chuva da *oralidade* abarca os *princípios da concentração* (dos atos processuais) e da *irrecorribilidade imediata das decisões interlocutórias*. O primeiro destina-se a manter máxima proximidade temporal "entre aquilo que o juiz apreendeu, por sua observação pessoal, e o momento em que deverá avaliá-lo na sentença", mostrando-se decisivo à preservação das vantagens do modelo em destaque; o segundo, a impedir interrupções procedimentais e, consequentemente, a dispersão da melhor apreensão dos fatos por parte do magistrado, assegurando, pelo menos em tese, maior eficácia ao *princípio da concentração*.[68] *A prestação jurisdicional mais célere, que geralmente decorre dos ordenamentos que se fazem valer do sistema da oralidade, apresenta-se, a nosso sentir, apenas como consequência lógica do modelo, não figurando como elemento essencial do mesmo.*

Seja como for, o *sistema processual* delineado pelo Decreto-lei n. 1.237, já em 1939, demonstrara o acolhimento de providências aptas a inseri-lo na moldura da *oralidade*. Partindo da premissa de que o modelo processual celetista tenha incorporado o *sistema* ora referido, parece-nos inevitável batizá-lo como um *sistema processual pautado no modelo da oralidade*.

Dito isto, antes de identificar a espinha dorsal do processo celetista (para que possamos pô-lo à prova adiante), é preciso, ainda, enfrentar/esclarecer assertiva doutrinária que diz com o aludido desiderato de *superação* (do processo do trabalho em relação ao processo civil) que supostamente orientara o arquitetamento do sistema laboral brasileiro.[69] Dois são os tópicos dignos de nota e, praticamente, suplicam abordagem conjunta.

---

(67) Segundo Chiovenda dá-se a aplicação do sistema mediante a conjugação dos preceitos, a saber: (1) prevalência da palavra com meio de expressão; (2) imediatidade entre a pessoa do juiz e as demais cujas declarações deverão ser valoradas; (3) identidade das pessoas físicas que constituem o órgão judicante durante o trato da causa; (4) concentração de atos em audiência; (5) irrecorribilidade imediata das decisões interlocutórias. Neste sentido, vide: CHIOVENDA, Giuseppe. *Procedimento oral*. In: *Processo oral*: coletânea de estudos nacional e estrangeiro. Rio de Janeiro: Forense, 1940. p. 57-61.
(68) Na doutrina especializada a respeito da *oralidade*, vide, entre outros: CAVALCANTE, Jouberto de Quadros Pessoa. *Direito processual do trabalho*. p. 91-92; LEITE, Carlos Henrique Bezerra. *Curso de direito processual do trabalho*. 3. ed. São Paulo: LTr, 2005. p. 65-68; MARTINS FILHO, Ives Gandra. *Manual esquemático de direito e processo do trabalho*. São Paulo: Saraiva, 2006. p. 165.
(69) Neste sentido vide, exemplificativamente: CORDEIRO, Wolney de Macedo. *Da releitura do método de aplicação subsidiária das normas de direito processual comum ao processo do trabalho*. In: CHAVES, Luciano Athayde (Org.). *Direito processual do trabalho*: reforma e efetividade. São Paulo: LTr, 2007. p. 27.

O primeiro deles diz com o momento histórico relativo ao surgimento do *modelo processual celetista* e pode, segundo pensamos, auxiliar na identificação do *modelo de processo civil* que supostamente se pretendeu superar.

Sublinhe-se, por oportuno, que, pelo menos num primeiro olhar, não é possível afirmar que as previsões normativas processuais constantes do Decreto--lei n. 1.237/39 (modelo albergado pela Consolidação) destinaram-se a superar o *processo civil* delineado pelo Código de Processo Civil de 1939, ou previram sua aplicação subsidiária.[70] A observação decorre da análise de critério cronológico. O Decreto-lei n. 1.237, segundo informação oficial, encontra-se datado de 2 de maio de 1939. O CPC/39, por sua vez, de 18 de setembro de 1939, tendo entrado em vigor em 1º de fevereiro de 1940. A nosso sentir, nada obstante tenha o Decreto-lei (que é de 2 de maio de 1939) sido objeto de publicação na CLBR (Coleção de Leis do Brasil) apenas em 31.12.1939, parece pouco mais do que lógico que o chefe do Poder Executivo tenha levado em consideração para fins de arquitetar um *modelo processual diferenciado*, os ditames do ordenamento processual vigente à época, e não de potencial ordenamento, caso tenha *verdadeiramente* pretendido superar algo.[71]

Consequência lógica da constatação acima aludida deságua no entendimento de que apenas mediante forçosa atividade hermenêutica será possível asseverar que a previsão constante do art. 39 do Decreto-lei n. 1.237/39, *transcrito com singela modificação pela Consolidação das Leis do Trabalho* tenha apontado para o CPC/39, inexistente à época de sua edificação.

Fique claro, portanto, que, nada obstante possamos, querendo, identificar na expressão "direito processual comum" constante do art. 769 da CLT referência ao sistema processual albergado pelo CPC/39, afigura-se equivocada a afirmativa de que o modelo processual consolidado foi arquitetado para superar o modelo albergado pelo referido diploma, pois que o "modelo" de processo do trabalho que hoje conhecemos foi edificado em período anterior à vigência do CPC/39, sendo fruto do Decreto-lei n. 1.237/39. (grifos do autor)

O segundo comentário digno de nota diz com a natureza do *modelo processual* criado, pelo menos entre nós, pelo Decreto-lei n. 1.237/39, posteriormente incorporado à CLT. Destaque-se que, ao fim e ao cabo, o *modelo* foi pensado para funcionar no âmbito *administrativo*. Prova disso é que à época

---

(70) A respeito do tema *aplicação subsidiária do processo civil ao processo do trabalho*, vide, com grande proveito: CHAVES, Luciano Athayde. *As lacunas no direito processual do trabalho*. In: CHAVES, Luciano Athayde (Org.). *Direito processual do trabalho*: reforma e efetividade. São Paulo: LTr, 2007. p. 53-95.
(71) A respeito do descrédito de interpretações que se amparam na denominada *vontade do legislador*, vide: GUASTINI, Riccardo. *Das fontes às normas*. São Paulo: Quartier Latin, 2005, *passim*; MAXIMILIANO, Carlos. *Hermenêutica e aplicação do direito*. 19. ed. Rio de Janeiro: Forense, 2006, *passim*.

de sua edificação o País era juridicamente regido pelos ditames da Carta Constitucional de 1937, dispondo esta que para dirimir "os conflitos oriundos das relações entre empregadores e empregados, reguladas na legislação social" instituía-se a Justiça do Trabalho, órgão de cunho administrativo.[72][73][74] As premissas que orientavam a *prestação jurisdicional* (mais especificamente o *processo judicial*) não constavam da *pauta laboral*. A estruturação da Justiça do Trabalho deu-se mediante publicação dos Decretos-lei ns. 1.237 e 1.346 que trataram de arquitetar ditames processuais sem maiores preocupações com as garantias mínimas relativas ao processo judicial.[75]

Seja como for, preleciona doutrina de peso que a partir da *instalação formal* da *Justiça administrativa do Trabalho*, passaram a nortear a atividade estatal (de solucionar conflitos) os "princípios", a saber:

> a) obrigação da tentativa de conciliação; b) ampla liberdade dada ao juiz para a direção do processo; c) reclamação direta pelo próprio trabalhador (reclamação verbal); d) citação pelo registrado postal; e) predominância do procedimento oral na única audiência (defesa, instrução e julgamento); f) capacidade postulatória aos litigantes; g) poder normativo dos Tribunais em dissídios coletivos.[76]

Diz-se, a partir destas premissas, que o *processo do trabalho* passou a laborar com valores de natureza processual diversos daqueles de que se ocupava o *Direito Processual comum*, derivando disso, inclusive, sua autonomia científica. Reste esclarecido que, pelo menos para o momento, não importa o debate relativo à existência, ou não, de *autonomia* do *Direito Processual do Trabalho* em relação ao *Direito Processual não penal*, mas sim, destacar que o *processo do trabalho*, posteriormente acolhido pela CLT, toma corpo como algo aplicável tão somente ao âmbito administrativo.[77]

---

(72) Vide art. 139, CF/1937.
(73) Havia, desde a Constituição de 1934, previsão expressa a respeito da criação da Justiça do Trabalho. "Apesar da previsão da criação da Justiça do Trabalho, não houve a sua instalação, em face da discussão legislativa havida no Congresso Nacional em relação à representação classista e ao poder normativo.". NETO, Francisco Ferreira Jorge; CAVALCANTE, Jouberto de Quadros Pessoa. *Direito processual do trabalho*. p. 15.
(74) A respeito da organização da Justiça do Trabalho nas Constituições brasileiras, vide: LEITE, Carlos Henrique Bezerra. *Curso de direito processual do trabalho*. p. 102/103.
(75) "Historicamente, a organização da Justiça do Trabalho no Brasil foi inspirada no sistema dito 'paritário' da Itália fascista que mantinha um ramo especializado do Judiciário na solução de conflitos trabalhistas (...). Embora a Itália tivesse abandonado esse sistema paritário no período do 'pós-guerra', o Brasil manteve a mesma estrutura da Justiça do Trabalho desde 1934 (...).". LEITE, Carlos Henrique Bezerra. *Curso de direito processual do trabalho*. p. 102.
(76) NETO, Francisco Ferreira Jorge; CAVALCANTE, Jouberto de Quadros Pessoa. *Direito processual do trabalho*. p. 16.
(77) A respeito do tema *autonomia do processo do trabalho* vide, exemplificativamente, de uma lado, CARRION, Valentin. *Comentários à Consolidação das Leis do Trabalho*. 4. ed. São Paulo: Saraiva, 1999, nota ao art. 769; doutro, autores de nomeada como: Amauri Mascaro Nascimento; Sérgio Pinto Martins; Mozart Victor Russomano e Wagner Giglio.

Dito isto, antes ainda de julgá-lo constitucional ou não (ou seja, em (des)consonância com o *modelo constitucional de processo*), cumpre mapear as peculiaridades capazes de tornar o *processo laboral* vigente ímpar diante do denominado *processo comum* (que nem de perto se aproxima, hoje, dos modelos adotados pelas *Ordenações*, pelo *Regulamento 737*, pelo CPC/39, ou ainda pelo *Código Buzaid* em sua redação originária.

Seguindo a linha de raciocínio da doutrina clássica anotamos, primeiramente, que goza de certa pacificidade a afirmativa de que o *processo laboral* distingui-se do *processo comum* em decorrência de seu viés *protetivo*.[78] Extrai-se da doutrina, grosso modo, que:

> No processo civil, parte-se do pressuposto de que as partes são iguais. No processo do trabalho, parte-se da ideia de que as partes são desiguais, necessitando o empregado da proteção da lei. Não é a Justiça do Trabalho que tem cunho paternalista ao proteger o trabalhador, ou o juiz que sempre pende para o lado do empregado. Protecionista é o sistema adotado pela lei. Isso não quer dizer, portanto, que o juiz seja sempre parcial em favor do empregado, ao contrário: o sistema visa proteger o trabalhador.[79]

Segundo tal corrente, conta o *processo do trabalho* com um *anseio protecionista*, facilmente identificável a partir, exemplificativamente, (a) da fixação de efeitos diversos para o não comparecimento de reclamante e reclamado à audiência (art. 844, CLT) e,[80] (b) da exigência do depósito recursal para as empresas condenadas (art. 899, §§ 1º a 5º, CLT e art. 7º da Lei n. 5.584/70),[81] entre outros.

Três outras notas distintivas, sublinhe-se, figuram com bom trânsito na doutrina especializada. São elas: (c) a irrecorribilidade imediata das decisões interlocutórias (art. 893, § 1º, CLT),[82] (d) o *ius postulandi* (art. 791, CLT) e,

---

(78) Inserindo o *princípio protetivo* ao rol de princípios relativos ao processo laboral, vide: LEITE, Carlos Henrique Bezerra. *Curso de direito processual do trabalho*. p. 70/72; GIGLIO, Wagner D.; CORRÊA, Claudia Giglio Veltri. *Direito processual do trabalho*. 15. ed. São Paulo: Saraiva, 2005. p. 83-85, entre outros.
(79) MARTINS, Sérgio Pinto. *Direito processual do trabalho*. p. 41.
(80) Vide, a respeito, ainda, o conteúdo das súmulas 9 e 122 do TST.
(81) MARTINS, Sérgio Pinto. *Direito processual do trabalho*. p. 399-403.
(82) "**SUM-214 DECISÃO INTERLOCUTÓRIA. IRRECORRIBILIDADE (nova redação) — Res. 127/2005, DJ 14, 15 e 16.3.2005**. Na Justiça do Trabalho, nos termos do art. 893, § 1º, da CLT, as decisões interlocutórias não ensejam recurso imediato, salvo nas hipóteses de decisão: a) de Tribunal Regional do Trabalho contrária à Súmula ou Orientação Jurisprudencial do Tribunal Superior do Trabalho; b) suscetível de impugnação mediante recurso para o mesmo Tribunal; c) que acolhe exceção de incompetência territorial, com a remessa dos autos para Tribunal Regional distinto daquele a que se vincula o juízo excepcionado, consoante o disposto no art. 799, § 2º, da CLT." Súmula n. 214 do TST.

(e) a possibilidade de a execução iniciar-se *ex officio* (art. 878, CLT). Por fim, a nosso sentir, afigura-se indispensável, ainda, apontar como nota característica do *processo do trabalho* (f) a concentração dos atos em audiência (art. 843 e seguintes).[83]

Identificadas neste primeiro capítulo as premissas que nortearam o surgimento do *modelo processual trabalhista* em vigor, bem como seu contexto histórico e, uma vez apontadas suas principais características (ainda que de passagem), dedicaremos esforços à analise, e melhor compreensão, da *matriz constitucional processual* albergada pela Constituição Federal de 1988.[84]

Feito isto, na segunda parte destes escritos, tornaremos aos apontamentos iniciais, seja para aprofundar as principais peculiaridades do *sistema processual laboral* vigente, seja para confrontá-las com a moldura maior visando, sempre, dar resposta à inquietude que, à evidência, motivou-nos a realizar a presente empreitada.

O processo do trabalho como aplicado na prática forense encontra-se em consonância com o modelo constitucional de processo desenhado pelo Estado Constitucional de Direito? Avante!

---

[83] A respeito da base ideológica formadora do Direito *Processual do Trabalho*, vide: CORDEIRO, Wolney de Macedo. *Da releitura do método de aplicação subsidiária das normas de direito processual comum ao processo do trabalho.* In: CHAVES, Luciano Athayde (Org.). *Direito processual do trabalho:* reforma e efetividade. São Paulo: LTr, 2007. p. 39-44.
[84] "No marco teórico do formalismo-valorativo, a disciplina mínima do processo (...) só pode ser buscada na Constituição". ALVARO DE OLIVEIRA, Carlos Alberto; MITIDIERO, Daniel. *Curso de processo civil.* São Paulo: Atlas, 2010, v.1, p. 28.

2. O MODELO CONSTITUCIONAL DO PROCESSO BRASILEIRO

2.1. CONSIDERAÇÕES INTRODUTÓRIAS: BREVE ESCORÇO HISTÓRICO A RESPEITO DA GÊNESE DA ATUAL CONCEPÇÃO DOS DIREITOS FUNDAMENTAIS, DA ADMISSÃO DA TESE NO SEIO DA DOUTRINA PROCESSUAL E DO SURGIMENTO DO MODELO CONSTITUCIONAL DO PROCESSO BRASILEIRO

Como bem explicita seu título, o presente tópico tem por escopo, nada mais nada menos, do que preparar o terreno, a partir de singelas *considerações introdutórias* relativas à contextualização histórica e conceitual dos direitos fundamentais, para a abordagem que se segue. A superficialidade desses apontamentos (gize-se, *introdutórios*) não é algo por nós ignorado, muito pelo contrário, devendo ser compreendida como algo ora plantado, pois que suficientes aos propósitos de nosso recorte científico.

Nada obstante controverta doutrina de nomeada em identificar o marco jurídico responsável pela positivação dos direitos fundamentais (à feição hoje conhecida), aparenta-nos pouco provável — *ainda que não se possa renegar as importantíssimas contribuições perpetradas por diversos outros documentos jurídicos responsáveis por concessões libertárias* — que se tenha alcançado o estado da arte em período anterior as derradeiras décadas dos oitocentos.[85]

O debate condizente com a paternidade dos direitos fundamentais gira, segundo a melhor doutrina, em torno dos diplomas, a saber: (1) a *Declaração de Direitos do povo da Virginia* de 1776 e, (2) a *Declaração Francesa* de 1789, sem que se possa atribuir, pelo menos a nosso juízo, a um ou outro, sem controvérsias, o título de marco jurídico inaugural *à travessia do Rubicão*.

Ainda que inexista dúvida, por exemplo, no que diz com o reconhecimento das ditas liberdades *estamentais* já no século XIII,[86][87] de liberdades religiosas

---

(85) SARLET, Ingo Wolfgang. *A eficácia dos direitos fundamentais*. 10. ed. Porto Alegre: Livraria do Advogado, 2009. p. 43-45.
(86) Ao referir a famigerada *Magna Charta Libertatum* (1.215), Sarlet revela que o documento apenas serviu para garantir aos nobres ingleses alguns privilégios feudais, "alijando, em princípio, a população do acesso aos 'direitos' consagrados no pacto", nada obstante tenha servido de ponto de referência para alguns dos direitos civis clássicos. SARLET, Ingo Wolfgang. *A eficácia dos direitos fundamentais*. p. 41.
(87) "o Estado *estamental* cedo seria substituído pelo Estado *absoluto*, o qual, afirmando o princípio da soberania, não mais aceitaria qualquer interposição a separar o poder do príncipe e os súditos. Ora,

em sentido estrito no século XVI[88] ou, ainda, de liberdades civis durante o século XVII,[89] subsiste a certeza de que, *embora libertárias*, tais concessões encontravam-se despidas de elementos essenciais à contemporânea conceituação dos direitos fundamentais. Não é outra a razão pela qual se elege o último quartel do século XVIII como berço dos direitos fundamentais.[90]

Destaque-se, então, que é a partir do período supra-apontado, pautado inauguralmente em ideologia liberal, que a teoria dos direitos fundamentais ganha em peso e apreço. Atualmente, sem que se possa olvidar, recebe *albergue* da esmagadora maioria das Cartas constitucionais contemporâneas e norteia o pensamento da doutrina melhor recomendada.[91][92] Do ponto de vista histórico é possível asseverar que a noção de *direitos fundamentais* abrolha com o límpido propósito de limitar o poder estatal. As denominadas *garantias constitucionais de primeira dimensão*, notadamente de caráter individualista, demonstram o propósito maior de brecar a atividade/intervenção estatal em espectros onde *autonomia privada* e *liberdade dos indivíduos* deveriam triunfar sem escoriações.[93]

---

desaparecendo as ordens e as classes (enquanto portadoras de faculdades políticas), perante o poder soberano todos os grupos e todos os homens são iguais. O Rei atinge todos e todos estão sujeitos ao rei. Sob este aspecto, o Estado absoluto — que, aliás, se pretende *legítimo*, e não *tirânico* — viria a ser um dos passos necessários para a prescrição de direitos fundamentais, universais ou gerais, em vez de situações especiais, privilégios e imunidades". MIRANDA, Jorge. *Manual de direito constitucional*. p. 19.
(88) Após aludir, exemplificativamente, o *Édito de Nantes* (1.598) e o conhecido *Toleration Act* (1.649), Sarlet assevera que: "De qualquer modo, inobstante a decisiva contribuição desses documentos concessivos de liberdades, igualmente não há como atribuir-lhes a condição de direitos fundamentais, pois, consoante já ressaltado, podiam ser nova e arbitrariamente subtraídas pela autoridade monárquica". SARLET, Ingo Wolfgang. *A eficácia dos direitos fundamentais*. p. 42.
(89) Após citar diversas das declarações inglesas do século XVII, conclui Sarlet que apesar de conduzirem a limitações do poder real em favor da liberdade individual não devem ser consideradas com marco inicial dos direitos fundamentais. "Fundamentalmente, isso se deve ao fato de que os direitos e liberdades — em que pese a limitação do poder monárquico — não vinculavam o Parlamento, carecendo, portanto, da necessária supremacia e estabilidade", inerentes aos direitos fundamentais. SARLET, Ingo Wolfgang. *A eficácia dos direitos fundamentais*. p. 43.
(90) "Se a origem dos direitos fundamentais se encontra directamente nas correntes políticas e jurídicas dos Estados Unidos e da França do século XVIII, a elaboração dogmática da categoria começa na Alemanha, em meados do século seguinte, em ambiente bem diferente". MIRANDA, Jorge. *Manual de direito constitucional*. p. 56.
(91) "Tal como o conceito de Constituição, o conceito de direitos fundamentais surge indissociável da ideia de Direito Liberal". MIRANDA, Jorge. *Manual de direito constitucional*. p. 22.
(92) A respeito da contextualização histórica do surgimento dos direitos fundamentais como hoje o conhecemos, com maior profundidade, dentre outros, vide: CANOTILHO, José Joaquim Gomes. *Direito constitucional e teoria da Constituição*. p. 380-390; MIRANDA, Jorge. *Manual de direito constitucional*. 3. ed. Coimbra: Coimbra Editora, 2000, t. IV. p. 12-50; SARLET, Ingo Wolfgang. *A eficácia dos direitos fundamentais*. p. 36-57.
(93) "São, por este motivo, apresentados como direitos de cunho 'negativo', uma vez que dirigidos a uma abstenção, e não a conduta positiva por parte do Estado. Assumem particular relevo no rol desses direitos, especialmente pela sua notória inspiração jusnaturalista, os direitos à vida, à liberdade, à propriedade e à igualdade perante a lei". SARLET, Ingo Wolfgang. *A eficácia dos direitos fundamentais*. p. 47.

Embora não tenha o trilho por aí findado, percebe-se, desde uma concepção primata dos *direitos fundamentais*, seu compromisso com o *reconhecimento de posições jurídicas mínimas capazes de dignificar o homem em sua própria existência*.[94][95] Deriva daí, sobremaneira, a certeza de que o *contrato social* continha, materialmente, limitações a serem respeitadas.[96][97][98][99]

Embora não se possa ignorar a permanente atualização do conceito em epígrafe, debruçando-se na história, pode-se perfeitamente asseverar que, já ao tempo do reconhecimento dos direitos fundamentais ditos de *primeira dimensão*, muitas das notas essenciais à caracterização do atual conceito despontavam límpidas. Tinha-se claro, gostemos ou não, que tais garantias representavam *posições jurídicas mínimas* (ainda que apenas no plano da defesa dos particulares face às ingerências estatais), *supremas*, *universais* e *inarredáveis*.

Como se sabe, porém, o andar da carruagem social exigiu do Estado um descruzar de braços. Referimo-nos, grosso modo, à passagem do Estado Liberal

---

(94) Alvaro de Oliveira, ao abordar a conceituação dos direitos fundamentais, afirma que "Cuida-se, portanto, de direitos inerentes à própria noção dos direitos básicos da pessoa, que constituem a base jurídica da vida humana no seu nível atual de dignidade". OLIVEIRA, Carlos Alberto Alvaro de. *Do formalismo no processo civil*. 2. ed. São Paulo: Saraiva, 2003. p. 262.
(95) Sublinhe-se, ainda, que não se ignora e nem se repudia, aqui, a existência de direitos fundamentais que, pelo menos de forma direta, não guardam na *dignidade da pessoa humana* seu fundamento maior. A respeito do tema *dignidade*, vide, com grande proveito, a obra coletiva: MAURER, Béatrice *et all*. *Dimensões da dignidade*: ensaios de filosofia do direito e direito constitucional. (Org. Ingo Wolfgang Sarlet). 2. ed. Porto Alegre: Livraria do Advogado, 2009.
(96) Noções gerais a respeito da aplicação da tese dos direitos fundamentais no âmbito do Direito Processual, vide: MARINONI, Luiz Guilherme. *Técnica processual e tutela dos direitos*. 3. ed. São Paulo: RT, 2010. p. 129-187.
(97) A respeito de uma teoria geral dos direitos fundamentais, vide, com grande proveito: MIRANDA, Jorge. *Manual de direito constitucional*. 3. ed. Coimbra: Coimbra Editora, 2000, t. IV; ALEXY, Robert. *Teoria dos direitos fundamentais*. (trad.) Virgílio Afonso da Silva. São Paulo: Malheiros, 2008; SARLET, Ingo Wolfgang. *A eficácia dos direitos fundamentais*: uma teoria geral dos direitos fundamentais na perspectiva constitucional. 10. ed. Porto Alegre: Livraria do Advogado, 2010; SCARPARO, Eduardo Kochenborger. O Processo como instrumento dos direitos fundamentais. In: *Revista da Ajuris*, ano 34, n. 105, p. 135/152, março, 2007; ALVARO DE OLIVEIRA, Carlos Alberto. O processo civil na perspectiva dos direitos fundamentais. In: *Revista da Ajuris*, Porto Alegre, n. 87, ano XXIX, 37/49, set. de 2002.
(98) "Por direitos fundamentais entendemos os direitos ou as posições jurídicas activas das pessoas enquanto tais, individual ou institucionalmente consideradas, assentes na Constituição, seja na Constituição formal, seja na Constituição material — donde, *direitos fundamentais em sentido formal e direitos fundamentais em sentido material*". MIRANDA, Jorge. *Manual de direito constitucional*. p. 7.
(99) "O modelo constitucional do processo civil brasileiro também possui seus valores permanentes. Trata-se dos *direitos fundamentais processuais civis* ou, na expressão que mais comumente se empregará neste estudo, *direitos informativos do processo civil*. Enquanto vigente a ordem constitucional, tais valores devem ser promovidos servindo de norte à interpretação de todo sistema processual. Mais do que isso, trata-se de valores que transcendem determinado ambiente cultural, sendo, portanto, transnacionais e transtemporais, dado que correspondem a uma exigência sem fronteiras". BOTELHO, Guilherme. *Direito ao processo qualificado*. p. 96.

ao Estado Social de Direito.⁽¹⁰⁰⁾ É exatamente neste contexto que emergem os ditos direitos fundamentais de *segunda dimensão*,⁽¹⁰¹⁾ bem como, sucessivamente, os de *terceira, quarta* e, como desejam alguns, até de *quinta geração*.⁽¹⁰²⁾⁽¹⁰³⁾

Seja como for, adequando a problemática aos objetivos do presente estudo, o que de fato importa é identificar o contexto em que desperta na doutrina processual a necessidade de adequar seu objeto de estudo ao movimento *fundamentalista*. O fenômeno, como não poderia deixar de ser, consolidou-se paulatinamente.

> (...) já no final do século XIX era presente entre nós a compreensão da influência da norma constitucional no processo, especialmente como meio para a efetividade e segurança dos direitos. Para João Mendes Júnior, o processo, na medida em que garante os direitos individuais, deita suas raízes na lei constitucional. Cada ato do processo 'deve ser considerado meio, não só para chegar ao fim próximo, que é o julgamento como um fim remoto, que é a segurança constitucional dos direitos'. (...)⁽¹⁰⁴⁾

Depreende-se da lição *supra* que o *start* deriva, grosso modo, da percepção de que o processo não mais poderia (nem deveria) ser lido/compreendido como um fim em si mesmo, nada obstante nesta primeira fase da *constitucionalização do processo* se tenha laborado com pouco mais do que a singela noção de subserviência do *instrumento* aos desígnios constitucionais, vislumbrando em toda e qualquer matéria de natureza processual mera instrumentalidade.

---

(100) "O tema dos direitos do homem cessou de ser, no nosso tempo, uma exclusiva aspiração liberal. Assiste-se, por conseguinte, a um fenômeno da universalização da Constituição, e que, como este, se acompanha da multiplicidade ou da plurivocidade de entendimentos — porque a uniformidade das técnicas não determina a unicidade das culturas e das concepções políticas". MIRANDA, Jorge. *Manual de direito constitucional*. p. 25.
(101) O impacto da industrialização e os graves problemas sociais e econômicos que acompanharam as doutrinas socialistas e a constatação de que a consagração formal de liberdade e igualdade não gerava a garantia do seu efetivo gozo acabaram, já no decorrer do século XIX, gerando amplos movimentos reivindicatórios e o reconhecimento progressivo dos direitos, atribuindo ao Estado comportamento ativo na realização da justiça social. A nota distintiva destes direitos é sua dimensão positiva, uma vez que se cuida não mais de evitar a intervenção do Estado na esfera da liberdade individual, mas, sim, na lapidar formulação de C. Lafer, de propiciar um 'direito de participar do bem-estar social'. Não se cuida mais, portanto, de liberdade do e perante o Estado, e sim de liberdade por intermédio do Estado. SARLET, Ingo Wolfgang. *A eficácia dos direitos fundamentais*. p. 47.
(102) SARLET, Ingo Wolfgang. *A eficácia dos direitos fundamentais*. p. 48-57.
(103) "Relembre-se que os direitos de primeira geração são os direitos da liberdade, a saber, os direitos civis e políticos assegurados no plano constitucional; os da segunda geração dizem respeito aos direitos sociais, culturais e econômicos, bem como aos direitos coletivos. A terceira geração compreende os direitos da fraternidade, ultrapassando os limites dos direitos individuais ou mesmo os coletivos: o direito ao desenvolvimento, o direito à paz, o direito ao meio ambiente, o direito de propriedade sobre o patrimônio comum da humanidade e o direito de comunicação". OLIVEIRA, Carlos Alberto Alvaro de. *Do formalismo no processo civil*. 2. ed. São Paulo: Saraiva, 2003. p. 263.
(104) OLIVEIRA, Carlos Alberto Alvaro de. *Do formalismo no processo civil*. 2. ed. São Paulo: Saraiva, 2003. p. 261.

A eclosão da tese da *eficácia imediata* dos direitos fundamentais, bem como a vivificação da percepção do compromisso dos ordenamentos jurídicos contemporâneos com a *dignidade da pessoa humana* despertaram a melhor doutrina para a *imprescindibilidade* de uma releitura dos ordenamentos processuais (à luz dos direitos fundamentais).

Uma segunda fase desta evolução (superação da modesta lembrança de que o processo devia respeito à Constituição) se propôs a orientar uma (re)leitura processual comprometida com a concreção dos direitos fundamentais. Partiu-se, corretamente, da noção de que o processo deveria servir de instrumento apto a salvaguardar a promessa do direito material, pena de não cumprir com sua principal tarefa. Restou alertada a doutrina especializada, por assim dizer, para que suas elucubrações não perdessem de vista tal norte.[105] O suspiro doutrinário não pararia por aí![106]

Eis que surge, então, o modelo doutrinário (processual) responsável pela dominação do cenário atual, comprometido não só com a suposta *instrumentalidade processual*, mas capaz de identificar, no seio das posições jurídicas mínimas (direitos fundamentais), normas constitucionais atinentes ao processo, de *caráter substancial*. Explicamo-nos.

Reconhece-se hodiernamente a existência de um *modelo constitucional de processo* comprometido com a concreção dos direitos fundamentais.[107][108][109][110]

---

(105) Esta primeira fase encontra-se entre nós sustentada por Dinamarco, ícone da doutrina pátria, a quem rendemos nossos sinceros aplausos. DINAMARCO, Cândido Rangel. *A instrumentalidade do processo*. 14. ed. São Paulo: Malheiros, 2009.
(106) Destaque-se, por embrionária, a excelente obra de Carlos Alberto Alvaro de Oliveira e sua diferenciada contribuição para os novos ventos da doutrina processual que se engrandece a cada dia. Vide: OLIVEIRA, Carlos Alberto Alvaro de. *Do formalismo no processo civil*. 2. ed. São Paulo: Saraiva, 2003.
(107) "é a partir da Constituição Federal que se deve buscar compreender o que é, para que serve e como 'funciona' o direito processual civil.". BUENO, Cássio Scarpinella. *Curso sistematizado de direito processual civil*. p. 85.
(108) "De forma bem simples e bem direta é possível (e necessário) concluir no sentido de que é a Constituição Federal o ponto de partida do direito processual civil (e penal e trabalhista também, (...)). A Constituição Federal e o 'modelo constitucional do direito processual civil' dela extraível são o eixo sistemático (consciente) do estudo do direito processual civil.". BUENO, Cássio Scarpinella. *Curso sistematizado de direito processual civil*. p. 86.
(109) A respeito do *modelo constitucional de processo* vide: BOTELHO, Guilherme. *Direito ao processo qualificado*. Porto Alegre: Livraria do Advogado, 2010. p. 57-132.
(110) "Sem dúvida, examinados os diversos dispositivos constitucionais afetos à atividade processual, se descobrirá, num relance, que os princípios de processo remetidos à seara constitucional, em virtude mesmo da compostura das normas constitucionais — referentes, fundamentantes e derivantes de todas as demais espécies normativas existentes —, produzem contígua alteração de toda a legislação processual ordinária com elas contrastante. Seja inerente ao processo civil, penal, trabalhista ou administrativo. Em todas as situações deverá haver referência incondicionada aos ditames constitucionais de compostura processual". NETO, Manoel Jorge e Silva. *Constituição e processo do trabalho*. São Paulo: LTr, 2007. p. 18-19.

Tal responsabilidade não mais se limita a *instrumentalizar* a proteção oriunda do plano material em sentido estrito. Segundo concepção que adotamos, um passo à frente foi dado. Admite-se contemporaneamente a existência de um rol de direitos (igualmente fundamentais) que, ainda que tenham valia apenas *no* e *em razão* do processo, compõem o núcleo das posições jurídicas mínimas do cidadão, devendo, em tudo e sempre, orientar interpretações, bem como a regulamentação de qualquer regime processual, seja ele de que natureza for. [111][112][113][114]

Comecemos assim: notadamente o apogeu do constitucionalismo brasileiro é fruto da Carta constitucional de 1988,[115] e dele, como dito, deriva a necessidade de que, sem exceções, todas as ramificações do sistema jurídico pátrio — *processuais ou não* — sejam lidas e interpretadas através das "lentes" da Constituição Federal, nada escapando aos anseios do Estado Constitucional de Direito.[116][117][118]

---

[111] "é a partir da Constituição Federal que se deve buscar compreender o que é, para que serve e como 'funciona' o direito processual civil.". BUENO, Cássio Scarpinella. *Curso sistematizado de direito processual civil*. p. 85.

[112] "De forma bem simples e bem direta é possível (e necessário) concluir no sentido de que é a Constituição Federal o ponto de partida do direito processual civil (e penal e trabalhista também, (...)). A Constituição Federal e o 'modelo constitucional do direito processual civil' dela extraível são o eixo sistemático (consciente) do estudo do direito processual civil.". BUENO, Cássio Scarpinella. *Curso sistematizado de direito processual civil*. p. 86.

[113] A respeito do *modelo constitucional de processo* vide: BOTELHO, Guilherme. *Direito ao processo qualificado*. Porto Alegre: Livraria do Advogado, 2010. p. 57-132.

[114] "Sem dúvida, examinados os diversos dispositivos constitucionais afetos à atividade processual, se descobrirá, num relance, que os princípios de processo remetidos à seara constitucional, em virtude mesmo da compostura das normas constitucionais — referentes, fundamentantes e derivantes de todas as demais espécies normativas existentes —, produzem contígua alteração de toda a legislação processual ordinária com elas contrastante. Seja inerente ao processo civil, penal, trabalhista ou administrativo. Em todas as situações deverá haver referência incondicionada aos ditames constitucionais de compostura processual". NETO, Manoel Jorge e Silva. *Constituição e processo do trabalho*. São Paulo: LTr, 2007. p. 18-19.

[115] "Somente com a doutrina constitucional pós 1988 e com a receptividade do Poder Judiciário aos anseios constitucionais é que se pode observar uma mudança de paradigma. Na seara processual, a partir de valiosos estudos desenvolvidos por autores, tais como José Carlos Barbosa Moreira, Cândido Rangel Dinamarco e Carlos Alberto Alvaro de Oliveira, a Constituição passa a ser levada a sério e recepcionada dentro da academia do processo civil.". PORTO, Sérgio Gilberto; USTÁRROZ, Daniel. *Lições de direitos fundamentais no processo civil*. p. 28.

[116] A superação do denominado "Estado legislativo" — que cedeu espaço ao festejado modelo de "Estado Constitucional de Direito" — causou fortes impactos, também, na seara processual. A respeito do modelo de Estado Constitucional de Direito, com grande proveito: MITIDIERO, Daniel. *Colaboração no processo civil*. p. 48-61.

[117] O novo processo civil, nesta perspectiva, dever-se-á erguer "dominado pelos valores constitucionais e pela ciência de que é um instrumento ético". MITIDIERO, Daniel. *Processo civil e estado constitucional*. p. 70.

[118] A respeito dos direitos fundamentais de natureza processual, vide: DIDIER JR., Fredie. *Curso de direito processual civil*. Salvador: Podivm, 2007. v. I. p. 25-60; LEITE, Carlos Henrique Bezerra. *Curso de direito processual do trabalho*. 3. ed. São Paulo: LTr, 2005. p. 49-56.

Inexiste dúvida ou objeção (pelo menos sensata) em relação à afirmativa de que a Constituição Federal de 1988 possua conteúdo processual próprio. Nela, inclusive, a melhor doutrina tem vislumbrado a existência de disposições processuais de natureza diversa, reconhecendo (a) um conteúdo *processual--constitucional*, revelador de direito *meio* (de natureza meramente instrumental), representado exemplificativamente pela inserção na Carta constitucional de instrumentos de operacionalização do direito material (*ações*), de regras de competência (art. 109) e matéria recursal (arts. 102 e 105), dentre outros; e (b) um conteúdo *constitucional-processual*, *criador de direito material*, ou melhor, conteúdo responsável pela atribuição, em favor de todo e qualquer jurisdicionado, de direitos substanciais para *serem gozados no e em razão do processo*. Estes últimos, ditos *direitos fundamentais de natureza processual*, destaque-se, vinculam tanto o Estado-Juiz (na prestação da tutela jurisdicional), como o Estado-Legislador (na construção do texto normativo),[119] revelando a *matriz constitucional processual*, ordem vinculadora de toda e qualquer ramificação do Direito Processual.[120][121][122][123]

Grosso modo, o ponto de partida é o de que o constitucionalismo estabeleceu padrões mínimos segundo os quais devem estar adstritos os ordenamentos processuais infraconstitucionais, independentemente de sua especialidade. Decorre da circunstância que (1) *enquanto os textos elaborados em momento posterior à promulgação da Constituição de 1988 devam respeitar tais ditames para sua edificação*, (2) os anteriores, sem exceções, *deverão adequar-se aos ditames atuais — seja mediante alteração legislativa, seja mediante atividade interpretativa* — ou sequer

---

(119) "o 'processo devido' começa por ser um processo justo logo no momento da criação normativo--legislativa". CANOTILHO, José Joaquim Gomes. *Direito constitucional e teoria da Constituição*. p. 494.
(120) São exemplos de "garantias" constitucionais processuais: o acesso à Justiça (art. 5º, XXXV), contraditório (5º, LV), publicidade (5º, LX e 93, IX), motivação das decisões judiciais (93, IX), juízo e promotor natural (5º, LIII), isonomia processual (5º, *caput*), duplo grau de jurisdição (deriva da estrutura do sistema jurídico arquitetado pela CF/88), devido processo constitucional (5º, LIV), entre outras.
(121) "Pensar o direito processual a partir da Constituição Federal é uma necessidade, e vale enfatizar, uma vez mais, não se trata de uma particularidade desse ramo do direito.". BUENO, Cássio Scarpinella. *Curso sistematizado de direito processual civil*. p. 87.
(122) "Enquanto o direito processual constitucional se ocupa do estudo do conjunto de princípios reguladores da jurisdição constitucional, o Direito Constitucional Processual se põe a examinar o plexo das normas de direito processual que se encontra na Constituição Federal". NETO, Manoel Jorge e Silva. *Constituição e processo do trabalho*. p. 18.
(123) Segundo Miranda, "justifica-se, pois, fazer uma contraposição entre *direitos fundamentais materiais* ou direitos das pessoas nas situações da vida constitucionalmente garantidas, e *direitos fundamentais procedimentais* ou direitos de pessoas conexas com procedimentos relativos a funções ou a órgãos de poder público; e, **nestes, ainda** (como mostram os exemplos acabados de sugerir) **subdistinguir direitos procedimentais** *substantivos* — em que a participação no procedimento vale de per si — e direitos procedimentais *adjectivos* — em que está em causa a tutela de outros direitos por meio de regras procedimentais". MIRANDA, Jorge. *Manual de direito constitucional*. p. 94-95.

serão tidos por vigentes. A aplicação das regras processuais hão de estar necessariamente vinculadas "pela valoração de sua constitucionalidade".[124]

A nenhuma ramificação do ordenamento processual brasileiro — *seja ela civil, penal, trabalhista etc.* — é facultada a inobservância das exigências do *modelo* constante do texto maior.[125] Eis o denominado *fenômeno da constitucionalização do processo*.[126]

Postas tais premissas, (re)sublinhe-se, nosso papel passa a ser, consideradas as limitações do estudo em tela, o de apresentar o núcleo essencial de cada qual dos direitos substanciais que, segundo pensamos, representam o mínimo a ser observado no âmbito dos embates judiciários, pena de violação do *devido processo de direito*.

2.2. Direitos fundamentais (substanciais) de natureza processual em espécie

2.2.1. Direito fundamental à jurisdição

Ao vedar a realização da *justiça privada* viu-se compelido o Estado a encorpar o rol de *direitos subjetivos* pertencentes a cada qual dos jurisdicionados.[127][128] Eis, grosso modo, o fundamento originário do *direito fundamental à jurisdição*.[129][130][131]

---

(124) PORTO, Sérgio Gilberto. USTÁRROS, Daniel. *Lições de direitos fundamentais no processo civil — o conteúdo processual da Constituição Federal*. p. 37.
(125) "(...) a distinção entre direitos legais e direitos constitucionais reveste-se de uma importância fundamental nos sistemas jurídicos de Constituição rígida, já que se a Constituição for rígida, a lei ordinária estará hierarquicamente subordinada a ela e, consequentemente, não está autorizada a modificar ou ab-rogar normas constitucionais. Nessas circunstâncias, um direito subjetivo constitucional não pode ser limitado, modificado ou suprimido pelas leis ordinárias (as quais, pelo contrário, podem muito bem suprimir um direito legal)". GUASTINI, Riccardo. *Das fontes às normas*. (Trad. Edson Bini). São Paulo: Quartier Latin, 2005. p. 252.
(126) A respeito dos direitos fundamentais de natureza processual, vide: OLIVEIRA, Carlos Alberto Álvaro; MITIDIERO, Daniel. *Curso de processo civil*. São Paulo: Atlas, 2010. v.1. p. 23-56.
(127) LIEBMAN, Enrico Tullio. *Manuale di diritto processuale civile*. p. 38, n. 13.
(128) Segundo Canotilho a *garantia de acesso aos Tribunais* deve ser lida e compreendida, nada mais nada menos, do que como um dos princípios *estruturantes do Estado de direito*. Segundo o consagrado autor, a " 'dependência' do direito à protecção judicial de *prestações* do Estado (criações de tribunais, processos jurisdicionais) justifica a afirmação corrente de que o *conteúdo essencial do direito* de acesso aos tribunais é a *garantia da via judiciária* (='garantia da via judicial', 'garantia da protecção judicial', 'garantia da protecção jurídica através dos tribunais')". CANOTILHO, José Joaquim Gomes de. *Direito constitucional e teoria da constituição*. p. 496.
(129) Segundo Theodoro Júnior do "monopólio da justiça decorreram duas importantes consequências, portanto: a) a obrigação do Estado de prestar a tutela jurídica aos cidadão; e b) um verdadeiro e distinto direito subjetivo — o direito de ação — oponível ao Estado Juiz, que se pode definir com o *direito à jurisdição*.". THEODORO JÚNIOR, Humberto. *Curso de direito processual civil*. 41. ed. Rio de Janeiro, 2004. v. I. p. 48.

A todos, sem exceção, é dado *bater às portas do Poder Judiciário* visando à manifestação estatal no que diz com *afirmação de direito* realizada. A prerrogativa, hodiernamente, encontra amparo no conteúdo do art. 5º, inciso XXXV, da Constituição Federal.⁽¹³²⁾⁽¹³³⁾⁽¹³⁴⁾⁽¹³⁵⁾⁽¹³⁶⁾

A mera possibilidade do ajuizamento de demanda judicial, todavia, não corresponde à integralidade do conteúdo do direito em epígrafe. O *modelo constitucional de processo*, à evidência, exige bem mais.⁽¹³⁷⁾⁽¹³⁸⁾ Para o momento

---

(130) Ao abordar o tema a doutrina se faz valer, costumeiramente, da expressão *direito de ação*. Visando evitar baralhamentos no que diz com o tema relativo aos *distintos planos da ordem jurídica,* sugerimos sejam consultadas as obras, a saber: ASSIS, Araken de. *Cumulação de ações*. 4. ed. São Paulo: RT, 2002. p. 73-86; SILVA, Ovídio Baptista da. Direito subjetivo, pretensão de direito material e ação. *Revista da Ajuris,* n. 29, 1983. p. 99-126; MITIDIERO, Daniel. *Elementos para uma teoria contemporânea do processo civil brasileiro.* Porto Alegre: Livraria do Advogado, 2010. p. 110-121; ALVARO DE OLIVEIRA, Carlos Alberto. Direito material, processo e tutela jurisdicional. In: *Revista da Ajuris,* ano 33, n. 101, p. 45-78, março, 2006.

(131) Não é raro encontrar abordagem doutrinária relativa ao direito em epígrafe sob a graça de *acesso à Justiça*. Neste sentido, vide: PORTO, Sérgio Gilberto; USTÁRROS, Daniel. *Lições de direitos fundamentais no processo civil — o conteúdo processual da Constituição Federal.* p. 40/51; BUENO, Cássio Scarpinella. *Curso sistematizado de direito processual civil.* p. 103/106. No entanto, por acreditar que a expressão *acesso à Justiça* diz respeito a algo mais amplo, preferimos a expressão, pelo menos neste contexto, *direito à jurisdição*. Para o estudo do tema *acesso à Justiça* afigura-se imprescindível a consulta da obra CAPPELLETTI, Mauro; GARTH, Brian. *Acesso à justiça.* (trad. Ellen Gracie Northfleet). Porto Alegre: Sérgio Fabbri, 1988.

(132) "Art. 5º (...) XXXV — a lei não excluirá da apreciação do Poder Judiciário lesão ou ameaça a direito;".

(133) No âmbito laboral vale lembrar, ainda, a previsão do art. 7º, inciso XXIX, da CF/88.

(134) Bezerra Leite nomeia o direito em epígrafe "Princípio do *Acesso Individual e Coletivo à Justiça* ou *Inafastabilidade do Controle Jurisdicional* ou *Ubiquidade* ou *Indeclinabilidade da Jurisdição*.". LEITE, Carlos Henrique Bezerra. *Curso de direito processual do trabalho.* 3. ed. São Paulo: LTr, 2005. p. 54.

(135) A respeito: DIDIER JR., Fredie. Notas sobre a garantia constitucional do acesso à Justiça: o princípio do direito de ação ou da inafastabilidade do Poder Judiciário. *Revista de Processo.* São Paulo, RT, v. 108, p. 23-31, 2002.

(136) "Quando os textos constitucionais, internacionais e legislativos, reconhecem, hoje, um direito de acesso aos tribunais este direito concebe-se como uma dupla dimensão: (1) um *direito de defesa* ante os tribunais e contra actos dos poderes públicos; (2) um *direito de protecção do particular através de tribunais* do Estado no sentido de este o proteger perante a violação dos seus direitos por terceiros (*dever* de protecção do Estado e *direitos* do particular a exigir esta protecção)". CANOTILHO, José Joaquim Gomes. *Direito constitucional e teoria da Constituição.* p. 496.

(137) É preciso ter claro, destarte, que a noção de direito à tutela jurídica estatal, observada do ponto de vista da fundamentalidade do direito de ação, dá um salto de qualidade. Sob tal prisma, o processo brasileiro compromete-se a enxergar além de um espectro meramente interno, como o fez outrora. Fique claro, contudo, que o direito de ação, hoje, tem por escopo maior a implementação do seguinte somatório: (a) direito de acesso à jurisdição; (b) direito ao processo justo; (c) direito à técnica processual adequada. "Nenhum desses aspectos, isoladamente considerado, comporta toda a complexidade do direito de ação; todos eles se complementam para definir adequadamente esse direito. Qualquer conceituação que ignore algum desses aspectos será necessariamente incompleta". MARINONI, Luiz Guilherme. *Teoria geral do processo.* p. 211-212, nota 30.

(138) Analisando a natureza do direito em epígrafe (referindo-se claramente ao contexto português), Canotilho propõe seja este lido (a) como *direito de acesso a uma protecção jurídica individual* e, (b)

importa mesmo grifar que, independentemente de sua natureza, salvo raríssimas exceções,[139] não há afastar *da imediata apreciação Judiciária lesão ou ameaça a direito,* seja ela qual for.[140][141]

A *inafastabilidade do controle jurisdicional* representa diretriz do ordenamento brasileiro e se presta, bem compreendida, a desnudar o compromisso estatal de bem compor os conflitos oriundos do tecido social, revelando-se, destarte, em total dissonância com a moldura maior, quaisquer exigências infraconstitucionais que submetam a apreciação do caso concreto a etapas não jurisdicionais como requisito ao processamento da demanda.[142]

Dito isto, parece-nos importante, ainda, sublinhar que o próprio conceito de *ação* — tão valorado outrora — não mais goza de idêntico entendimento. O direito de *bater às portas do Poder Judiciário,* ou simplesmente o direito à tutela jurisdicional estatal (ou, ainda, ação processual) ganha em conteúdo, especialmente no sentido de que não mais pode ser vislumbrado como um fim em si mesmo.

O direito fundamental de ação repercute sobre o Estado de forma diferente. Este direito não incide sobre o Estado para, a partir dele, ser projetado sobre as relações dos particulares, mas sim para vincular

---

como o *direito de acesso aos tribunais como garantia institucional.* No que diz com o último, refere que ao "assegurar o direito de acesso aos tribunais para a defesa de direitos e interesses, o art. 20º da Constituição Portuguesa inclui no seu âmbito normativo a *garantia institucional* da via judiciária, isto é, de tribunais. O texto fundamental não fixa, de forma esgotante, os tipos de tribunais, nem contém uma disciplina densa do chamado 'direito constitucional judiciário'. Por isso, o direito de acesso aos tribunais é um *direito fundamental formal* que carece de densificação através de outros direitos fundamentais materiais. (...) Desta imbricação entre direito de acesso aos tribunais e direitos fundamentais resultam dimensões ineliminaveis do **núcleo essencial da garantia institucional da via judiciária**. A *garantia institucional* conexiona-se com o *dever de uma garantia jurisdicional de justiça* a cargo do Estado. Este dever resulta não apenas do texto da Constituição, mas também de um princípio geral ('de direito' das 'nações civilizadas') que impõe um dever de protecção através dos tribunais do Estado como um corolário lógico: (1) do monopólio de coacção física legítima por parte do Estado; (2) do dever de manutenção da paz jurídica num determinado território; (3) da proibição de autodefesa a não ser em circunstâncias excepcionais definidas na Constituição e na lei (cfr. CRP. art. 21º)". CANOTILHO, José Joaquim Gomes de. *Direito constitucional e teoria da Constituição.* p. 496.
(139) Vide art. 217, § 1º, da CF/88.
(140) A respeito da construção da ação adequada relativa à proteção de ameaça a direito (tutela contra o ilícito), vide, por todos: MARINONI, Luiz Guilherme. *Tutela inibitória.* 4. ed. São Paulo: RT, 2006.
(141) "Consoante observa a doutrina, o direito fundamental à tutela jurisdicional ensarta-se na categoria dos direitos a prestações, podendo ser caracterizado, especificamente, como um direito à participação na organização e procedimento. Trata-se de direito fundamental processual, oriundo da consciência de que 'não basta declarar direitos', importando antes, 'instituir meios organizatórios de realização, procedimentos adequados e equitativos'". MITIDIERO, Daniel. *Processo civil e Estado constitucional.* p. 91.
(142) A respeito da *"inafastabilidade como derivação do livre e efetivo acesso à Justiça",* vide: PORTO, Sérgio Gilberto; USTÁRROZ, Daniel. *Lições de direitos fundamentais no processo civil.* p. 49-51.

o seu modo de atuação, isto é, para vincular a maneira como o Estado deve proceder para viabilizar a efetividade da proteção dos direitos. Ou seja, o direito fundamental de ação se destina a regular a relação entre o Estado prestador e o particular (...). Melhor dizendo: o direito fundamental de ação não obriga o Estado a protegê-lo nas relações privadas (como ocorreria se fosse um direito fundamental material de proteção) ou é uma mera garantia do cidadão à tutela jurisdicional estatal. O direito fundamental de ação obriga o Estado a prestar tutela jurisdicional efetiva a todo e qualquer direito que possa ter sido violado ou ameaçado. Ele não é um direito que exige que o Estado atue para protegê-lo, mas sim um direito que requer que o Estado exerça a função jurisdicional de maneira adequada ou de forma a permitir a proteção efetiva de todos os direitos levados ao seu conhecimento.[143]

Na perspectiva atual o *direito à jurisdição* incide, certamente, para além da figura do Estado-juiz. O Estado-legislador é, também, destinatário da previsão.[144][145] O Estado-legislador é responsável por disponibilizar, além de uma estrutura adequada, técnicas processuais que permitam ao Estado-Juiz cumprir o mister que lhe incumbe: prestar *tutela jurisdicional justa*.

Como dito, a concepção moderna não mais se satisfaz com a singela ideia de conferir ao jurisdicionado acesso formal ao Judiciário.[146] Este *albergue* deve representar prestação capaz de salvaguardar o direito material que se pretende ver tutelado, desde, é claro, que as alegações realizadas em juízo sejam minimamente comprovadas. O *direito à jurisdição*, consoante leciona doutrina de peso, representa "o mais fundamental de todos os direitos", pois, que imprescindível à concretização dos demais.[147]

2.2.2. Direito fundamental ao juiz natural

Dois, no mínimo, são os comandos constitucionais que devem vir à tona quando do trato do tema: os contidos nos incisos XXXVII e LVIII do art. 5º da

---

(143) MARINONI. Luiz Guilherme. *Teoria geral do processo*. p. 207.
(144) "Trata-se de um direito que vincula o legislador, obrigando-o a traçar as técnicas processuais capazes de permitir a proteção das diversas situações conflitivas." MARINONI. Luiz Guilherme. *Teoria geral do processo*. p. 208.
(145) Neste mesmo sentido, vide: MITIDIERO, Daniel. *Processo civil e Estado constitucional*. p. 91; HESSE, Konrad. *Elementos de direito constitucional da República Federal da Alemanha*. (trad.) Luis Afonso Heck. Porto Alegre: Sérgio Antonio Fabris, 1998. p. 247.
(146) "Sublinhe-se que, quando se fala em dever de prestar a tutela jurisdicional adequada, não se está pensando, como antes poderiam conceber as teorias clássicas sobre a ação, em simples resposta jurisdicional, isto é, em mero ditado do juiz que dá razão a uma das partes do processo". MARINONI. Luiz Guilherme. *Teoria geral do processo*. p. 211.
(147) MARINONI. Luiz Guilherme. *Teoria geral do processo*. p. 205.

Constituição Federal de 1988. Enquanto este veda a submissão do jurisdicionado a Tribunais ou juízos de exceção, aquele assegura que ninguém será processado ou sentenciado senão por autoridade competente.[148][149]

A abordagem do tema, para que se afigure satisfatória, deve ser realizada, pelo menos, à luz de dois distintos enfoques. O primeiro deles diz com a *independência e imparcialidade* da atividade judiciária; o segundo, com a *predeterminação de critérios para a fixação da competência jurisdicional*.[150]

> Para que seja imparcial, a função judiciária deve ser desempenhada de forma autônoma e independente, livre de pressões, estranha a recomendações ou conselhos de outros órgãos estatais ou do próprio Judiciário, **escape a influências econômicas e da mídia** (grifos nossos).[151]

A Constituição Federal visa, mediante concessão de determinadas garantias à magistratura (vitaliciedade, inamovibilidade e irredutibilidade de vencimentos) proteger a *imparcialidade* que se exige a partir do modelo constitucional de processo. Pugna-se por uma magistratura despida de *interesses pessoais* ou *ideológicos* nas causas em que possui competência,[152] e para tanto se lhe oferece garantia suficiente para que cumpra sua função, certa de que sua adequada conduta não servirá de base para represálias profissionais, políticas ou similares.[153][154][155]

---

(148) Neste sentido, vide: PORTO, Sérgio Gilberto; USTÁRROZ, Daniel. *Lições de direitos fundamentais no processo civil*. p. 72.
(149) Consoante a doutrina processual trabalhista, por princípio "do juiz natural(...) entende-se aquele que não só consagra a tese de que o juiz é aquele investido de função jurisdicional, afastando julgamentos por outro poder, como ainda impede a criação de tribunais de exceção ou *ad hoc* para o julgamento de causas cíveis ou penais. Os tribunais especializados não constituem exceção ao princípio do juiz natural, pois estão previstos na própria Constituição, que prevê a existência de Justiças especializadas, com competência para julgar causas trabalhistas, militares e eleitorais". LEITE, Carlos Henrique Bezerra. *Curso de direito processual do trabalho*. p. 53.
(150) Neste sentido: ALVARO DE OLIVEIRA, Carlos Alberto; MITIDIERO, Daniel. *Curso de processo civil*. p. 31.
(151) ALVARO DE OLIVEIRA, Carlos Alberto; MITIDIERO, Daniel. *Curso de processo civil*. p. 31-32.
(152) "No desempenho de suas atribuições, o magistrado deve atuar com isenção de ânimo, lisura e probidade.". NETO, Francisco Ferreira Jorge; CAVALCANTE, Jouberto de Quadros Pessoa. *Direito processual do trabalho*. p. 84.
(153) Formalmente a garantia vem com a previsão do art. 95 da CF/88.
(154) A respeito das *garantias e deveres do juiz* na doutrina especializada, vide: GIGLIO, Wagner D.; CORRÊA, Claudia Giglio Veltri. *Direito processual do trabalho*. p. 19-24.
(155) Segundo Sérgio Gilberto Porto a imparcialidade, *protegida pelo juízo natural*, "não se confunde com neutralidade. É natural que cada magistrado tenha suas preferências ideológicas (...). Contudo, os preconceitos carregados pelas pessoas, embora influenciem o julgamento, não podem chegar ao ponto de prejudicar a aplicação do direito, sob pena de descrédito da justiça. (...) o juiz deve conservar a imparcialidade no seu ofício, sob pena de prejuízo para a cidadania. O cidadão não é neutro, mas o juiz é imparcial, competindo-lhe assegurar tratamento paritário e zelar pela aplicação do direito, muito embora carregue suas próprias convicções, assim como qualquer cidadão". PORTO, Sérgio Gilberto; USTÁRROZ, Daniel. *Lições de direitos fundamentais no processo civil*. p. 76.

Sob diverso ponto de vista é possível afirmar que o intento constitucional caminha, também, no sentido de vedar a criação de Tribunais *post factum*, exigindo que a autoridade judiciária competente para julgar determinado caso preexista ao mesmo.

> É vedado criar, a partir de um fato, depois de um incidente, um órgão judiciário que tenha competência para julgá-lo. A diretriz que se quer proteger com esta proibição é a de se garantir, na melhor forma possível, a *imparcialidade* do *órgão judiciário*.
>
> (...) O 'princípio do juiz natural', em suma, depende, sempre e em qualquer caso, da identificação do órgão jurisdicional que, de acordo com o 'modelo constitucional (...)' detém ou não jurisdição e, mais especificamente, competência (fixada em abstrato, antes do fato conflituoso) para realizar o julgamento.[156]

Por fim, cumpre salientar que aspecto não menos importante à plena concretização do comando constitucional epigrafado encontra-se *do outro lado do balcão*. Ao jurisdicionado é igualmente vedada a escolha do juízo pelo qual tramitará sua causa. Os critérios de (pré)determinação do órgão competente para a *dicção do direito* do caso concreto devem se fazer sentir também para os contendores. As técnicas de organização judiciária estão incumbidas, na linha do *modelo constitucional*, de impedir que o jurisdicionado, conhecedor de um ou outro posicionamento judiciário, consiga esquivar-se dos demais órgãos competentes alcançando, por exemplo, a *Vara desejada* para julgamento de seus interesses.[157]

Em suma: "Juiz natural é o juiz imparcial, independente e competente".[158][159]

2.2.3. Direito fundamental à isonomia

Não há dúvida, embora sua abordagem revele-se extremamente espinhosa no campo do processo laboral, seja possível extrair do modelo constitucional de processo um *direito fundamental à isonomia*.

---

(156) BUENO, Cássio Scarpinella. *Curso sistematizado de direito processual civil.* p. 117-118.
(157) Neste sentido: ALVARO DE OLIVEIRA, Carlos Alberto; MITIDIERO, Daniel. *Curso de processo civil.* p. 33.
(158) ALVARO DE OLIVEIRA, Carlos Alberto; MITIDIERO, Daniel. *Curso de processo civil.* p. 31.
(159) "O juiz natural é somente aquele integrado no Poder Judiciário, com todas as garantias institucionais e pessoais previstas na Constituição Federal. (...) O referido princípio deve ser interpretado em sua plenitude, de forma a proibir-se, não só a criação de tribunais ou juízos de exceção, mas também de respeito absoluto às regras objetivas de determinação de competência, para que não seja afetada a independência e imparcialidade do órgão julgador". MORAES, Alexandre de. *Direito constitucional.* 13. ed. São Paulo: Atlas, 2003. p. 108.

Desconsideradas *a priori* as peculiaridades da esfera trabalhista, é possível afirmar que a Constituição Federal traz à baila, no que diz com o trato processual do tema, no mínimo, duas distintas nuances de abordagem:

> Do ponto de vista da *estruturação do processo,* haverá este de ser legalmente organizado de maneira isonômica, sem a outorga de privilégios a qualquer das partes, e com a previsão de técnicas processuais que possibilitem, em sendo o caso, correções de eventuais disparidades. Por outro lado, deverá o órgão judicial *dirigir o processo* de modo a assegurar às partes igualdade de tratamento (...).[160]

Nenhum espanto pode causar a afirmativa de que os operadores do Direito que se encontram na ativa, *em especial os operadores do Direito do Trabalho,* em sua esmagadora maioria, estudaram-no orientados pela *teoria paternalista dos novecentos.* Segundo esta, o Direito do Trabalho, pelo menos entre nós, toma corpo imiscuído na função de servir de instrumento de proteção da classe dos trabalhadores — *hipossuficientes* — frente ao poderio do capital. O Direito do Trabalho é visto como instrumento jurídico apto a, no plano material, encurtar o gueto existente entre classes sociais oponentes (capital e proletariado). Nada obstante se revele *protetivo* o ordenamento material (sendo esta, inclusive, sua matriz ideológica) a expansão da referida *protetividade* à esfera processual deve ser vislumbrada com cautela.[161][162]

Cumpre sublinhar de antemão que, do ponto de vista da *condução do processo,* não há falar em atuação *protetiva do magistrado.* O escopo maior do Estado-juiz, ainda que no âmbito laboral, é, sem dúvida, a *busca pela composição justa da lide* (pelo menos figura este como um dos ideais do Estado Constitucional de Direito) e não em favor de uma ou outra das partes considerada vulnerável pelo Direito material. Compreenda-se que a noção de instrumentalidade do processo em relação ao Direito material não se confunde com a equivocada, mas corriqueira, noção de que, independentemente da apuração dos fatos aptos a ensejar a incidência do ordenamento material, o processo se preste a dar guarida a postulações absurdas. Não é válido, portanto, o silogismo simplista de que *se o Direito Material do Trabalho é protetivo; e o processo laboral se presta a instrumentalizar o Direito material; logo, o Direito Processual do Trabalho é protetivo,* devendo-se nele, na dúvida, decidir em favor do obreiro.

---

(160) ALVARO DE OLIVEIRA, Carlos Alberto; MITIDIERO, Daniel. *Curso de processo civil.* p. 33.
(161) Segundo Sérgio Pinto Martins, o "verdadeiro princípio do processo do trabalho é o da proteção. Assim como no Direito do Trabalho as regras são interpretadas mais favoravelmente ao empregado, em caso de dúvida, no processo do trabalho também vale o princípio protecionista, porém analisado sob o aspecto do direito instrumental". MARTINS, Sérgio Pinto. *Direito processual do trabalho.* 27. ed. São Paulo: Atlas, 2007. p. 41.
(162) Remetemos o leitor para o item 3.1 destes escritos.

O processo é instrumento destinado a apurar, antes de tudo, *fatos*. A prova da ocorrência destes *fatos* é determinante para que o julgador tenha condições de aferir, ou não, a incidência do Direito material no caso concreto. De instrumentos éticos (que não se confundem com o favorecimento do reclamante em juízo) e consolidados deve valer-se o magistrado para alcançar o desiderato maior. Dentro do modelo constitucional de processo, apresenta-se como ótima ferramenta — *apta a solucionar grande parte dos problemas práticos enfrentados em juízo* —, exemplificativamente, o instituto da *dinamização do ônus da prova*.[163] Não há mais espaço, como houve outrora, para o simples beneficiamento judiciário de uma parte em detrimento doutra, fundado em ideologia erigida à condição de dogma no pretérito.

Ainda que o magistrado deva manter postura ativa no processo, não deve, nem pode, à luz do modelo constitucional, beneficiar ou prejudicar quaisquer dos contendores. Postura *ativa* e postura *tendenciosa* são conceitos que não podem ser baralhados.

Do ponto de vista da *estruturação do processo*, com ressalvas é claro, talvez seja possível vislumbrar a incidência do multirreferido, mas insuficientemente explicado, *princípio protetivo* na esfera processual do trabalho.[164] Não há negar, destarte, que em determinadas passagens a legislação processual trabalhista tratara de forma assimétrica *reclamante* e *reclamado*. Segundo doutrina tradicional, justifica-se tal assimetria pela necessidade de equiparar processualmente os *materialmente* desiguais.[165] Não nos parece o melhor caminho.

Importa, aqui, no entanto, identificar no plano do *modelo constitucional* o que verdadeiramente represente a isonomia em destaque.

> A isonomia ou igualdade deve ser entendida no sentido de que o Estado-juiz (o magistrado, que o representa) deve tratar de forma igualitária os litigantes. Seja dando-lhes igualdade de condições de manifestação ao longo do processo, seja criando condições para que esta igualdade seja efetivamente exercitada.

---

(163) Entendendo o magistrado que, no caso concreto, foge do alcance de qualquer das partes a produção de prova considerada *relevante* à composição do feito, não importando a *dinamização* em ônus de produção de *prova diabólica* à contrária, deve este, como regra de instrução (e não de julgamento), reorganizar a atividade probatória. A respeito do tema na doutrina nacional, com grande proveito, vide: CARPES, Artur. *Ônus dinâmico da prova*. Porto Alegre: Livraria do Advogado, 2010.
(164) A respeito do *princípio protetivo* no processo do trabalho, vide, exemplificativamente: MARTINS, Sérgio Pinto. *Direito processual do trabalho*. 27. ed. São Paulo: Atlas, 2007. p. 41; NETO, Francisco Ferreira Jorge; CAVALCANTE, Jouberto de Quadros Pessoa. *Direito processual do trabalho*. 3. ed. Rio de Janeiro: Lumen Iuris, 2007. p. 98-101; LEITE, Carlos Henrique Bezerra. *Curso de direito processual do trabalho*. 3. ed. São Paulo: LTr, 2005. p. 70-72; GIGLIO, Wagner D.; CORRÊA, Claudia Giglio Veltri. *Direito processual do trabalho*. 15. ed. São Paulo: Saraiva, 2005. p. 83-85.
(165) GIGLIO, Wagner D.; CORRÊA, Claudia Giglio Veltri. *Direito processual do trabalho*. 15. ed. São Paulo: Saraiva, 2005. p. 85.

É tradicional descrever o princípio da isonomia com o nome, bastante eloquente do significado da norma, 'paridade ou igualdade de armas'. Esta forma de tratar do princípio evidencia bastante bem a necessidade de oferecimento de iguais oportunidades aos litigantes ao longo do processo. Não há como conceber, nestas condições, instrumentos processuais não uniformes, não iguais, não equivalentes para as partes.[166]

Diz-se, costumeiramente, que no plano do processo *isonomia/igualdade* representa conceder paridade de armas para o embate. A noção é indispensável, no entanto, insuficiente.[167] Exige-se, hodiernamente, mais. Não basta, à luz do *modelo constitucional*, conceder paridade formal de armas, uma vez que não se tenham por sanadas (no momento da *estruturação* do processo) eventuais *discrepâncias* oriundas do plano material. O *modelo constitucional* exige do legislador a criação de técnicas processuais aptas a conceder igualdade às partes.

Tal exigência, por óbvio, não se confunde com o beneficiamento de um em detrimento de outro dos contendores por meio de atuação *tendenciosa* e *ilegítima* do julgador, seja a que pretexto for. Embora tênue este limiar, revela-se nuclear sua compreensão.

De um lado, independentemente da natureza do direito posto à prova, o processo deve apresentar-se como instrumento ético e apto, respeitada a imparcialidade que se exige do julgador, a permitir que os contendores comprovem suas alegações e vejam declaradas suas posições jurídicas previamente protegidas. De outro, a mesma moralidade processual impõe que o condutor do processo não aja de forma a beneficiar um ou outro dos litigantes, realizando interpretações estapafúrdias a pretexto de promover uma ou outra ideologia, embora seja sabido que delas não consegue se afastar por completo.[168]

Retomaremos o trato do tema, com maior profundidade, quando da abordagem do ponto *Do protecionismo processual*, na segunda parte destes escritos.

---

(166) BUENO, Cássio Scarpinella. *Curso sistematizado de direito processual civil*. p. 131.
(167) Alvaro de Oliveira e Mitidiero se fazem valer do binômio *igualdade processual formal* e *igualdade processual material* para ir além. ALVARO DE OLIVEIRA, Carlos Alberto; MITIDIERO, Daniel. *Curso de processo civil*. p. 33-35.
(168) "A imparcialidade (...) não se confunde com neutralidade. É natural que cada magistrado tenha suas preferências ideológicas, formadas a partir de sua única mundivivência. Contudo, os preconceitos carregados pelas pessoas, embora influenciem o julgamento, não podem chegar ao ponto de prejudicar a aplicação do direito, sob pena de descrédito da justiça. Embora não seja neutro, o juiz deve conservar a imparcialidade no seu ofício, sob pena de prejuízo para a cidadania. O cidadão não é neutro, mas o juiz é imparcial, competindo-lhe assegurar tratamento paritário e zelar pela aplicação do direito, muito embora carregue suas próprias convicções, assim como qualquer cidadão". PORTO, Sérgio Gilberto; USTÁRROZ, Daniel. *Lições de direitos fundamentais no processo civil*. p. 76.

2.2.4. Direito fundamental ao contraditório

Eis, a nosso sentir, o direito fundamental de natureza processual responsável por revelar o núcleo do modelo constitucional de processo adotado pelo Estado Democrático de Direito: o *contraditório*.

Num passado nem tão distante, o contraditório chegou a ser confundido ora com *bilateralidade da audiência*, uma de suas facetas, ora com *ampla defesa* (objeto de enfrentamento posterior). Na verdade, com eles não se confunde.

Concepção doutrinária mais moderna pugna, hodiernamente, pelo reconhecimento evolutivo do conceito em destaque, ou seja, não só reconhece como prega a mutação conceitual e o alargamento de funções atribuídas ao contraditório.

É possível asseverar, neste trilho, que o contraditório tem sido modernamente analisado a partir de duas distintas facetas (uma *passiva*, outra *ativa*). A primeira delas remonta à aparição do instituto, isto é, contenta-se com a noção de que o contraditório tem por escopo operacionalizar a *bilateralidade da audiência* (dando vista às partes de manifestação alheia para que possam reagir, querendo, face às investidas da parte contrária).[169] A segunda, a que mais importa, guarda relação com a participação efetiva dos interessados no processo, ou melhor, com *a possibilidade de influenciar a construção intelectual desenvolvida pelo julgador* para compor a lide.

Extrai-se, modernamente, do preceito a existência de um direito, de caráter subjetivo, que faculta às partes participar efetivamente do momento reflexivo do magistrado, auxiliando-o na seleção do caminho jurídico a ser percorrido.[170]

> Na visão atual, o direito fundamental do contraditório situa-se para além da simples informação e possibilidade de reação, conceituando-se de forma mais ampla na outorga de poderes para que as partes participem no desenvolvimento e no resultado do processo da forma mais paritária possível, influenciando de modo ativo e efetivo a formação dos pronunciamentos jurisdicionais.[171]

---

(169) "O conceito tradicional do princípio do contraditório está intimamente vinculado a uma concepção formal de processo, em que o juiz assumiria uma posição essencialmente passiva. Esse modo de ver o problema ressai claramente da clássica definição de Joaquim Canuto Mendes de Almeida, 1937, para quem o contraditório é 'a ciência bilateral dos atos e termos processuais e a possibilidade de contrariá-los'". ALVARO DE OLIVEIRA, Carlos Alberto; MITIDIERO, Daniel. *Curso de processo civil*. p. 35-36.
(170) "É que o contraditório, no contexto dos 'direitos fundamentais' (...) deve ser entendido como o direito de influir, de influenciar, na formação da convicção do magistrado ao longo de todo o processo". BUENO, Cássio Scarpinella. *Curso sistematizado de processo civil*. p. 110.
(171) ALVARO DE OLIVEIRA, Carlos Alberto; MITIDIERO, Daniel. *Curso de processo civil*. p. 36.

O contraditório, certamente, figura como o elemento balizador do processo representando, inclusive, sua própria razão de ser. É a partir dele que chega (ou deveria chegar) ao juízo a notícia da existência tanto de versões conflitantes como de interesses contrapostos.

O contraditório, hoje, espelha a necessidade de o magistrado ouvir o que as partes têm a dizer, inclusive, no que diz com suas convicções ou tendências, de forma a delinear, sem surpresas, o caminho que provavelmente seguirá no julgado. Nem mesmo as ditas matérias de *ordem pública* devem escapar deste trilho.

Facultar aos interessados participação na construção da *lei do caso concreto* representa, destarte, a mola mestra do processo de matriz constitucional.[172] Sublinhe-se, no entanto, que doutrina de nomeada tem asseverado que o contraditório nem sempre ocorrerá de forma prévia.[173][174] Pode ele apresentar-se de forma *ulterior* ou *eventual*. A regra, no entanto, é de que ocorra, sempre que possível, de maneira *prévia*.

O fundamento apto a legitimar a quebra da regra geral encontra, também, assento na moldura maior. A possibilidade de antecipar os efeitos da tutela, distante do que afirma parte da doutrina processualista, não mais pode ser vislumbrada a partir de um prisma estritamente infraconstitucional. Por detrás da possibilidade há, claramente, algo maior.

A postecipação do direito de influir na edificação da *lei do caso concreto se legitima apenas a partir de uma ponderação de valores maiores*, isto é, mediante a aplicação dos postulados normativos (por exemplo, o da *proporcionalidade*). Havendo choque entre direitos fundamentais no caso concreto, é dado ao julgador ponderar de acordo com a necessidade que se apresenta, optando pela prevalência momentânea de um deles.

Em suma, é possível asseverar que a partir de sua (re)leitura, o contraditório passou a figurar como o núcleo dos sistemas processuais modernos. Da previsão deriva o direito de as partes influenciarem, ao longo de todo o processo, na tomada da decisão. Independentemente da forma como venha se apresentar (*prévio, posterior* ou *eventual*) não há falar, no âmbito do Estado Democrático de Direito, na possibilidade de supressão ou violação do direito epigrafado. Arranhada a garantia maior, o processo estará condenado.

---

(172) "O contraditório é o princípio cardeal do direito processual". PORTO, Sérgio Gilberto; USTÁRROZ, Daniel. *Lições de direitos fundamentais no processo civil*. p. 52.
(173) Neste sentido, por todos: BUENO, Cássio Scarpinella. *Curso sistematizado de processo civil*. p. 110.
(174) A respeito da *polêmica relativização do contraditório*, vide: PORTO, Sérgio Gilberto; USTÁRROZ, Daniel. *Lições de direitos fundamentais no processo civil*. p. 55-57.

2.2.5. Direito fundamental à ampla defesa

Inicialmente vinculado apenas ao âmbito do processo penal[175] *o direito fundamental à ampla defesa,* com o advento da Constituição Federal de 1988, passou a integrar a moldura maior do sistema processual brasileiro, sem restrições. Trata-se, grosso modo, da garantia à *plenitude de defesa.*[176][177]

Encontram-se na doutrina, costumeiramente, definições que muito o aproximam da conceituação por nós atribuída ao *direito fundamental ao contraditório.*[178][179] Os conceitos, todavia, não devem ser baralhados:

> Na verdade, o direito à ampla defesa não se confunde com o direito ao contraditório, com o direito à prova, nem com o direito à motivação das decisões. O conteúdo do direito à ampla defesa impõe, em regra, direito à cognição plena e exauriente, a fim de que os interessados possam alegar toda a matéria disponível de suas posições jurídicas. Significa dizer: todo o corte cognitivo, quer no plano horizontal, quer no plano vertical, deve decorrer da lei, cujos motivos devem ser fundados obviamente em razões de ordem constitucional.[180][181]

Certamente, pela amplitude e importância, conceituar de forma objetiva e em poucas linhas o *direito fundamental à ampla defesa* não se afigura tarefa das mais fáceis (talvez sequer seja possível) e nem figura entre nossos objetivos. Entretanto, algumas de suas notas características, obrigatoriamente, devem ser trazidas à baila.

---

(175) Neste sentido, por todos: PONTES DE MIRANDA, Francisco Cavalcanti. *Comentários à Constituição de 1967 com a Emenda n. 1, de 1969.* 2. ed. São Paulo: RT, 1971. p. 232-233, t. V.
(176) "(...) o princípio da ampla defesa sintetiza uma particular manifestação do direito de reação, ou seja, de aduzir livremente as razões de resposta, da produção da prova e contraprovas, da participação da colheita das provas em audiência, do direito de usar dos recursos e etc.". NETO, Francisco Ferreira Jorge; CAVALCANTE, Jouberto de Quadros Pessoa. *Direito processual do trabalho.* p. 83-84.
(177) "Encontra-se positivado no art. 5º, LV, da CF, funcionando como complemento do princípio do contraditório. Com efeito, a não se admitir a relação processual sem a presença do réu, não teria sentido tal regramento se, comparecendo a juízo para se defender e opor-se à pretensão autoral, o réu ficasse impedido ou inibido de excepcionar, contestar, recorrer ou de deduzir toda a prova de seu interesse". LEITE, Carlos Henrique Bezerra. *Curso de direito processual do trabalho.* p. 51.
(178) "Neste sentido e considerando a ressalva que diz com relação ao contraditório no sentido de 'participação', de 'cooperação', de 'colaboração', a ampla defesa desempenha, na Constituição Federal, o papel que tradicionalmente era reservado para o contraditório, quase que confundido, desta forma, com a 'ampla defesa'". BUENO, Cássio Scarpinella. *Curso sistematizado de processo civil.* p. 115.
(179) Noutra linha de raciocínio, assevera Delosmar Mendonça Jr. que o contraditório e a ampla defesa são "figuras conexas, sendo que a ampla defesa qualifica o contraditório. Não há contraditório sem defesa. Igualmente é lícito dizer que não há defesa sem contraditório. (...) O contraditório é o instrumento de atuação do direito de defesa, ou seja, esta se realiza através do contraditório". MENDONÇA Jr., Delosmar. *Princípios da ampla defesa e da efetividade no processo civil brasileiro.* São Paulo: Malheiros, 2001. p. 55.
(180) ALVARO DE OLIVEIRA, Carlos Alberto; MITIDIERO, Daniel. *Curso de processo civil.* p. 44.
(181) A respeito da cognição no processo civil, indispensável consultar: WATANABE, Kazuo. *Da cognição no processo civil.* 3. ed. São Paulo: Perfil, 2005.

Além de garantir ao jurisdicionado que, regra geral, *a atividade cognitiva dar-se-á de maneira plena*, o conceito envolve a compreensão de que sua concretização prática exige, dentre outras, *concessão de prazos razoáveis para defesa das partes, amplo acesso aos autos, respeito/atenção às possibilidades recursais* etc.[182]

A constatação do respeito ao primado constitucional, a exemplo do que ocorre com o direito fundamental à duração razoável, entre outros, será, sempre, melhor vislumbrada a partir do exame das peculiaridades do caso concreto. O direito de defesa, à evidência, figura como *pedra de toque* do sistema processual albergado pela Constituição Federal de 1988.

2.2.6. Direito fundamental à prova

O tema merece ser estudado a partir de dois distintos enfoques, pois que, ainda que uno o dispositivo constitucional, dele derivam, no mínimo, duas distintas normas.[183] O primeiro, diz com a *inadmissibilidade das provas obtidas por meio ilícito*; o segundo, com o *direito à produção da prova* em sentido estrito.[184] A conclusão deriva da interpretação do art. 5º, inciso LVI, da Constituição Federal de 1988.

O problema relativo ao discernimento entre os planos da *admissibilidade* e da *valoração* da prova deve de pronto ser enfrentado. *Admitir* prova significa aceitá-la no processo; *valorá-la*, reconhecer determinada eficácia probatória no caso concreto. A admissão da prova é pressuposto lógico para sua valoração.[185]

Importa inicialmente destacar que o *modelo constitucional de processo* é enfático ao asseverar que não serão toleradas no processo provas obtidas mediante atividade contrária ao Direito.[186]

---

(182) "Por *ampla defesa*, entende-se o asseguramento que é dado ao réu de condições que lhe possibilitem trazer para o processo todos os elementos tendentes a esclarecer a verdade ou mesmo de omitir-se ou calar-se, se entender necessário (...)". MORAES, Alexandre de. *Direito constitucional*. p. 124.
(183) A respeito da possibilidade de se extrair de um único dispositivo mais de uma norma, vide, por todos: GUASTINI, Riccardo. *Das fontes às normas*. p. 23-43.
(184) "Ao assentar que são inadmissíveis no processo as provas obtidas por meios ilícitos (art. 5, inciso LVI), nossa Constituição consagra a *contrario sensu* que todas as provas obtidas por meios lícitos são admissíveis — daí a consagração do direito fundamental à prova no processo". ALVARO DE OLIVEIRA, Carlos Alberto; MITIDIERO, Daniel. *Curso de processo civil*. p. 45.
(185) "Vale dizer: não é lícito ao julgador indeferir determinada prova em face de seu prévio convencimento a respeito da alegação a provar". ALVARO DE OLIVEIRA, Carlos Alberto; MITIDIERO, Daniel. *Curso de processo civil*. p. 45.
(186) "Prova obtida por meios ilícitos é aquela que, em si mesmo considerada, é admitida ou tolerada pelo sistema, mas cuja forma de obtenção, de constituição, de formação, fere o ordenamento jurídico. Bem ilustra a situação o desrespeito ao sigilo de correspondência ou a oitiva de conversas telefônicas não autorizada nos termos da lei". BUENO, Cássio Scarpinella. *Curso sistematizado de processo civil*. p. 139.

A rigor, não é dado ao julgador admitir prova derivada da torpeza de quem a pretenda produzir, pois que o processo deve revelar-se meio ético de solução dos conflitos sociais. Documentos furtados ou obtidos maliciosamente, por exemplo, devem ser repudiados pelo julgador. *In concretu*, com o aval da doutrina, a jurisprudência tem se feito valer do postulado da *proporcionalidade* para solucionar conflitos entre o direito fundamental em destaque e outros, supostamente inalcançáveis senão pela admissão da prova obtida de forma suspeita.[187] *A prova obtida por meio ilícito, segundo a Constituição Federal de 1988, deve ser tida por não produzida.*

Uma questão de fundo, no entanto, se impõe: subsiste a imparcialidade do julgador — exigida *pelo modelo constitucional de processo* — quando este, a pedido da parte, afasta prova obtida de forma ilícita, mas idônea a comprovar as alegações de fato produzidas no processo? O juiz, ainda que inconscientemente, na grande maioria das vezes *valora* a prova em seu primeiro olhar, precedendo tal atividade a *admissão* da mesma. Uma foto, uma declaração ou um vídeo, relevantes à apuração/comprovação das alegações fáticas, não sairão da mente do julgador, por maior que seja seu comprometimento com a nobre função que desenvolve. Como, então, é possível restabelecê-la? A rigor, sem o afastamento do magistrado, não há falar em restabelecimento da lisura que se espera da atividade judiciária.

Seja como for, em suma, provas obtidas por meio ilícito, nada obstante ingressem fisicamente no processo, não poderão ser objeto de valoração por parte do julgador. Valorá-las afigura-se, pelo menos teoricamente, tarefa ulterior, que não poderá ser desenvolvida senão mediante prévio saneamento — *justificado* — da ilicitude em destaque.

O inciso LVI, mediante interpretação a *contrario sensu*, reconhece ao jurisdicionado, também, o direito fundamental de produzir toda e qualquer prova *pertinente, controversa* e *relevante,* obtida mediante atividade lícita.[188] Alvaro de Oliveira, em excelente síntese, revela que a "alegação de fato é *pertinente* quando concerne ao mérito da causa. É *controversa* quando sobre ela pendem duas ou mais versões nos autos. É *relevante* quando idônea a promover a compreensão da alegação de fato".[189] Aparentemente presentes as notas distintivas, não há negar a produção probatória, pena de violação à moldura processual maior.

O que importa mesmo, sem maiores delongas, é a afirmativa de que foge da alçada do julgador, *primeiro*, inadmitir a produção probatória com base na

---

(187) A respeito do postulado da proporcionalidade na doutrina pátria, por todos: ÁVILA, Humberto Bergmann. *Teoria dos princípios:* da definição à aplicação dos princípios. 2. ed. São Paulo: Malheiros, 2003.
(188) ALVARO DE OLIVEIRA, Carlos Alberto; MITIDIERO, Daniel. *Curso de processo civil.* p. 45.
(189) ALVARO DE OLIVEIRA, Carlos Alberto; MITIDIERO, Daniel. *Curso de processo civil.* p. 45.

afirmativa de seu prévio convencimento (a *persuasão racional está vinculada ao plano da valoração, não da admissibilidade da prova*); segundo, não lhe é deferido confundir *diligências inúteis* com *prova pertinente, controversa e relevante*.

Sendo o processo o derradeiro meio para satisfação forçada dos direitos, é dado às partes agir, dentro do moralmente admissível, com todas as suas armas. Negar a atividade probatória, ou seja, a possibilidade dos contendores comprovarem a existência de um direito ou a inexistência de certa obrigação, salvo as próprias limitações constitucionais, representa atentar contra o norte maior insculpido nas linhas e entrelinhas do modelo constitucional de processo, qual seja, a entrega de uma prestação jurisdicional justa, guiada, sempre, pelos passos de um *devido processo constitucional*.[190]

2.2.7. Direito fundamental à publicidade

Prescreve o *modelo constitucional de processo*, com todas as letras, que devem ser públicos todos os julgamentos emanados pelos órgãos do Poder Judiciário, ressalvadas pontuais exceções.[191][192] Extrai-se da previsão, embora geograficamente afastada do capítulo constitucional responsável pela enunciação formal dos *direitos fundamentais*, o reconhecimento de um *direito fundamental à publicidade*.[193][194][195][196]

---

(190) A expressão foi brilhantemente cunhada por Sérgio Gilberto Porto e Daniel Ústarroz nas páginas conclusivas da excelente obra *Lições de Direitos Fundamentais no Processo Civil*. O derradeiro capítulo restou denominado: "Devido processo constitucional ou devido processo da ordem jurídica do Estado Democrático de Direito (art. 5º, LIV, CF) como síntese dos princípios materiais constitucionais". Vide, com grande proveito: PORTO, Sérgio Gilberto; USTÁRROZ, Daniel. *Lições de direitos fundamentais no processo civil.* p. 119-127.
(191) "Art. 93 (...) IX — todos os julgamentos dos órgãos do Poder Judiciário serão públicos, e fundamentadas todas as decisões, sob pena de nulidade, podendo a lei limitar a presença, em determinados atos, às próprias partes e a seus advogados, ou somente a estes, em casos nos quais a preservação do direito à intimidade do interessado no sigilo não prejudique o interesse público à informação;". Redação atribuída ao art. 93, IX, da CF/88 pela E.C. n. 45/04.
(192) "Art. 5º (...) LX — a lei só poderá restringir a publicidade dos atos processuais quando a defesa da intimidade ou o interesse social o exigirem;".
(193) "Trata-se, como bem ressaltou a Corte Europeia dos Direitos do Homem, de um direito fundamental, porque 'a publicidade protege os jurisdicionados contra uma justiça secreta que escapa ao controle do público; ela constitui também um dos meios de contribuir para preservar a confiança legítima nas cortes e tribunais. Pela transparência que dá à administração da justiça, ajuda ainda no cumprimento da finalidade do artigo 6º (art. 6-1): processo justo'". ALVARO DE OLIVEIRA, Carlos Alberto; MITIDIERO, Daniel. *Curso de processo civil.* p. 46.
(194) Vide, ainda: BUENO, Cássio Scarpinella. *Curso sistematizado de direito processual civil.* p. 132/135.
(195) Na doutrina especializada, vide: NETO, Francisco Ferreira Jorge; CAVALCANTE, Jouberto de Quadros Pessoa. *Direito processual do trabalho.* p. 84/85; MARTINS, Sérgio Pinto. *Direito processual do trabalho.* p. 39; MARTINS FILHO, Ives Gandra. *Manual esquemático de direito e processo do trabalho.* São Paulo: Saraiva, 2006. p. 164, entre outros.
(196) Segundo Marinoni, os direitos fundamentais podem ser classificados como *materiais* e *formais*. "Nesse último sentido, pensa-se nos direitos fundamentais catalogados sob o Título II da CF, embaixo

O *modelo constitucional de processo*, visando dar maior transparência à atividade jurisdicional, alçou à condição de regra geral do modelo brasileiro, a *publicidade de todos os atos processuais*.[197][198][199]

> A publicização dos atos estatais é da essência do Estado Democrático de Direito, haja vista que propicia a todo cidadão a fiscalização do exercício do poder que decorre, segundo a Constituição, do próprio povo.[200]

Somente por exigência constitucional é possível restringir a publicidade dos atos. Depreende-se da análise da moldura maior que a restrição será legítima apenas quando a *defesa da intimidade* ou *o interesse social* o exigirem.[201][202] Às partes e seus procuradores o acesso à totalidade dos atos processuais deve ser irrestrito.

A rigor, a mera *publicização* dos atos processuais não satisfaz a proposta constitucional. Os julgamentos devem também ser realizados de forma pública. Nada obstante constate-se ser facultada a qualquer do povo, na prática, o acesso às salas de audiência, o dia a dia forense revela que são poucas, para não dizer

---

da rubrica 'Dos direitos e garantias fundamentais'. Porém, admite-se a existência de direitos fundamentais não previstos nesse Título. Tais direitos seriam fundamentais porque repercutem sobre a estrutura básica do Estado e da sociedade, quando se diz que possuem uma fundamentalidade material". MARINONI, Luiz Guilherme. *Teoria geral do processo*. p. 68. O direito fundamental à publicidade, nesta linha de raciocínio, representa ótimo exemplo para a compreensão dos ditos *direitos fundamentais materiais*.

(197) "Em face dessa ideologia da publicização dos atos estatais, sem dificuldade é alcançada a conclusão de que a publicidade não se limita ao ato de julgar, englobando todos os atos processuais em geral". PORTO, Sérgio Gilberto; USTÁRROZ, Daniel. *Lições de direitos fundamentais no processo civil*. p. 61.

(198) "Há uma íntima relação entre os princípios da publicidade e da motivação das decisões judiciais, na medida em que a publicidade torna efetiva a participação no controle das decisões judiciais; trata-se de verdadeiro instrumento de eficácia de garantia da motivação das decisões judiciais". DIDIER JR., Fredie. *Curso de direito processual civil*. p. 59.

(199) "A garantia da publicidade dos atos processuais prende-se, hodiernamente, à necessidade de fiscalização pelos participantes do processo e, em certos casos, também pelo povo em geral, do conteúdo do que se faz em juízo. Não é à toa, pois, que Michele Taruffo a insere como um dos elementos essenciais à ideia de administração democrática da Justiça". MITIDIERO, Daniel Francisco. *Elementos para uma teoria contemporânea do processo civil brasileiro*. p. 58-59.

(200) PORTO, Sérgio Gilberto; USTÁRROZ, Daniel. *Lições de direitos fundamentais no processo civil*. p. 60.

(201) "Os processos que não correm em segredo de justiça são públicos, podendo ser acessados não só pelo advogado da causa como por terceiros, inclusive a imprensa, conclusão que se impõe pelo princípio da transparência dos atos públicos e da função jurisdicional e pela redação do art. 141, inciso V". ALVARO DE OLIVEIRA, Carlos Alberto; MITIDIERO, Daniel. *Curso de processo civil*. p. 47.

(202) "Há uma aparente prevalência do direito à informação em relação à proteção da intimidade. Este eventual conflito de direitos fundamentais não pode ser resolvido *a priori*, (...); somente à luz do caso concreto, aplicado o princípio da proporcionalidade, será possível verificar qual dos dois deverá prevalecer. O juízo de ponderação é, sempre, *a posteriori*, e feito pelo magistrado". DIDIER JR., Fredie. *Curso de direito processual civil*. p. 59, nota 102.

inexistentes (pelo menos no primeiro grau de jurisdição), as sentenças proferidas em sala de audiência (em ato contínuo à produção da prova testemunhal, por exemplo). Costumeiramente os autos *vão conclusos ao magistrado* que, do auto da solidão de seu gabinete, emana decisão para posterior publicização.

Cumpre ressaltar, por fim, que a publicidade dos atos processuais (ou melhor, no caso, *das decisões judiciais*) além de cumprir a especial tarefa de colaborar com a "formação universitária dos futuros operadores" do Direito,[203] apresenta-se como pressuposto lógico à aplicação de um sem número de institutos processuais.[204]

Não há falar, portanto, à luz do *modelo constitucional*, em processo secreto. Ressalvadas as hipóteses constitucionais, que quando não previstas expressamente por lei deverão ser aferidas *in concretu* pelo magistrado da causa, o processo, e todos os seus atos, sem exceção, deverá tramitar de forma aberta, sem mistérios.[205][206]

2.2.8. Direito fundamental à motivação

O conceito de *motivação,* por óbvio, esgarça em muito os lindes do estudo jurídico, disso não se podendo olvidar. Para os fins a que nos propomos, no entanto, é possível afirmar que a atividade motivacional exigida pela Constituição possa ser compreendida, em suma, como a exigência de que o Estado-juiz justifique o porquê de adotar, caso a caso, esta ou aquela postura de julgamento, explicitando, sempre de forma límpida, o raciocínio lógico desenvolvido e a racionalidade das decisões proferidas.[207][208][209]

---

(203) PORTO, Sérgio Gilberto; USTÁRROZ, Daniel. *Lições de direitos fundamentais no processo civil.* p. 62.
(204) Exemplificativamente, é possível afirmar que, sem conhecer a *jurisprudência* emanada de outros Tribunais (que não o competente para o julgamento da causa), jamais seria possível operar a previsão constante do art. 896, *a*, da CLT (Recurso de Revista por divergência jurisprudencial).
(205) "O art. 93, IX, da Constituição Federal, enseja discussão interessante sobre a não observância do princípio da publicidade. É clara sua redação quanto a ser nulo o ato processual praticado em desrespeito ao princípio em exame. A 'nulidade' referida no texto quer significar que o ato processual não é válido e, por isto, não pode pretender produzir seus efeitos regulares". BUENO, Cássio Scarpinella. *Curso sistematizado de direito processual civil.* p. 134.
(206) Prevê o art. 7º, inciso XIII, da Lei n. 8.906/94 que é direito do advogado "examinar, em qualquer órgão dos Poderes Judiciário e Legislativo, ou da Administração Pública em geral, autos de processos findos ou em andamento, mesmo sem procuração, quando não estejam sujeitos a sigilo, assegurada a obtenção de cópias, podendo tomar apontamentos".
(207) Art. 93 (...) IX todos os julgamentos dos órgãos do Poder Judiciário serão públicos, *e fundamentadas todas as decisões*, sob pena de nulidade, podendo a lei limitar a presença, em determinados atos, às próprias partes e a seus advogados, ou somente a estes, em casos nos quais a preservação do direito à intimidade do interessado no sigilo não prejudique o interesse público à informação;
(208) A respeito, com grande proveito, vide: TARUFFO, Michele. *La motivazione della sentenza civile.* Padova: Cedam, 1975.
(209) "O princípio da motivação expressa a necessidade de toda e qualquer decisão judicial ser explicada, fundamentada, justificada pelo magistrado que a prolatou". BUENO, Cássio Scarpinella. *Curso sistematizado de direito processual civil.* p. 135.

O estágio de desenvolvimento civilizatório e político atual, de controle maior do poder pela sociedade civil, não mais tolera o exercício arbitrário da jurisdição nem admite a possibilidade de ser o processo julgado por critérios arbitrários e irracionais.[210]

Deriva da previsão contida no art. 93, inciso IX, da CF/88 que *todas* as decisões proferidas pelo Poder Judiciário serão motivadas.[211] A profundidade da exigência deve ser bem compreendida, pena de laborarmos no dia a dia com meros arremedos de motivação. Vigora entre nós o sistema da persuasão racional do julgador; o dever de motivar atua, numa de suas perspectivas, como verdadeira contrapartida ao mesmo. Tem-se, destarte, que o dever de motivar destina-se, numa de suas vertentes, a *limitar o arbítrio do julgador*.[212][213][214]

Não há duvida, atualmente, que o dever de *motivar* se coadune com um sem número de outras situações jurídicas. Bons exemplos da dita "multifuncionalidade da motivação judicial" pode ser vislumbrada na função *instrumentalizadora* do direito de recorrer, pois que não parece lógico, nem possível, salvo quando se recorre face à própria inexistência de fundamentação, insurgir-se contra julgado que não revele os motivos em que se pauta.[215]

> (...) se come è indubitabile, i giudici fanno espeso cattivo uso del loro 'libero convincimiento' il rimedio non sta ovviamente nella sua eliminazione, bensi próprio nella construzionee nell'attivazione di controlli razionali e procedimentali che possano assicurare um 'buon uso' della discrizionalità nelle scelte relative all'impiego e alla valutazione delle prove.[216]

---

(210) ALVARO DE OLIVEIRA, Carlos Alberto; MITIDIERO, Daniel. *Curso de processo civil*. p. 47.
(211) Apontando o acolhimento da exigência em Constituições alheias, refere Sérgio Gilberto Porto que: "Muitos países outorgaram-lhe *status* constitucional. Na Constituição portuguesa, de 1976, o art. 205 estabelece que 'as decisões dos tribunais que não sejam de mero expediente são fundamentadas na forma prevista na lei'. Na Espanha, de 1978, seu art. 120 dispõe que '(...) 3. Las sentencias serán siempre motivadas y se pronunciarán en audiencia pública'. Semelhante é o regramento belga (Constituição de 1994, art. 149: 'tout jugement est motivé. Il est prononcé en audience plublique', italiano (Constituição de 1947, art. 111, 'tutti i provvedimenti giurisdizionali devono essere motivate') e holandês (Constituição de 1983, art. 121: 'except in cases laid down by Act parliament, trial shall be held in public and judgements shall specify the grouds on which they are based. Judgements shall be pronouced in public'. PORTO, Sérgio Gilberto; USTÁRROZ, Daniel. *Lições de direitos fundamentais no processo civil*. p. 66-67.
(212) Neste sentido: STF, HC 68202/DF, 1 Turma, Rel. Min. Celso de Mello, j. 06.11.1990.
(213) "(...) o princípio assegura não só a transparência da atividade judiciária mas também viabiliza que se exercite **o adequado controle de todas e quaisquer decisões judiciais**". BUENO, Cássio Scarpinella. *Curso sistematizado de direito processual civil*. p. 135.
(214) "(...) o que se impõe é *controlar* as escolhas feitas pelo magistrado concreto à luz da sua motivação, da explicação das razões pelas quais ele escolheu o prevalecimento de um princípio e não o de outro; porque ele preencheu determinado conceito vago de um modo e não de outro e assim por diante". BUENO, Cássio Scarpinella. *Curso sistematizado de direito processual civil*. p. 136.
(215) Neste sentido: PORTO, Sérgio Gilberto; USTÁRROZ, Daniel. *Lições de direitos fundamentais no processo civil*. p. 70-71.
(216) TARUFFO, Micheli. *La prova dei fatti giuridici*: nozione generali. Milano: Giuffrè, 1992. p. 411.

Seja como for, o que vale mesmo é ter ciência de que a exigência motivacional afirma-se no clamor social pelo controle da atividade judiciária no sentido de dela exigir esclarecimentos a respeito das condutas admitidas no convívio social. Em tempos em que a cada dia emergem propositalmente disposições eivadas de *conceitos indeterminados* o dito *poder controlador* ganha destaque.[217][218]

Motivar, na perspectiva do modelo constitucional de processo, é ir além da mera enunciação do direito aplicado ao caso concreto, é esmiuçar o *como, quando,* e o *porquê* optou o juízo por emanar a específica *lei do caso concreto.*

Alvaro de Oliveira e Mitidiero asseveram que não há falar em decisão motivada senão quando estiverem presentes e claros:

> (a) enunciação das escolhas desenvolvidas pelo órgão judicial para: (a1) individualização das normas aplicáveis; (a2) acertamento das alegações de fato; (a3) qualificação jurídica do suporte fático; (a4) consequências jurídicas decorrentes da qualificação jurídica do fato; (b) o contexto dos nexos de implicação e coerência entre tais enunciados (que corresponde ao modelo estrutural de motivação); (c) a justificação dos enunciados com base em critérios que evidenciam ter a escolha do juízo sido racionalmente correta.[219]

A partir de um jogo de palavras, não raro compreendido por todos, afigura-se plenamente possível afirmar que na linha do modelo constitucional se exige mais do que mera motivação: exige-se a *motivação da motivação.* Decisório insuficientemente ou não motivado representa, por força de disposição constitucional, ato jurídico nulo.

---

(217) A respeito das *cláusulas gerais* e *conceitos indeterminados,* vide: MARTINS-COSTA, Judith. *A boa-fé no direito privado.* São Paulo: RT, 2000.
(218) Segundo Marinoni, afirma-se "na generalidade dos sistemas de *civil law,* que a fundamentação é imprescindível para outorgar às partes garantia de imparcialidade do juiz. Argumenta-se, ainda, que a fundamentação, além de servir às partes, importa a todos os jurisdicionados, interessados na legitimidade das decisões judiciais, especialmente daquelas que têm maior repercussão perante a sociedade. A fundamentação, neste sentido, presta-se para o juiz demonstrar a sua imparcialidade, bem como para conferir legitimação ao exercício do poder jurisdicional. **Tudo isso revela surpreendente ingenuidade.** Raciocinando-se sempre em torno de questões de direito, há de se perguntar: será que a fundamentação, por si só, outorga alguma garantia às partes? A fundamentação, em tal perspectiva, pode dar legitimação ao exercício do poder jurisdicional? Ou melhor, num sistema em que as questões de direito podem ser decididas sem qualquer respeito ao passado, há propósito em entender que a fundamentação é capaz de garantir a imparcialidade do juiz e conferir legitimação à jurisdição?". MARINONI, Luiz Guilherme. *Precedentes obrigatórios.* p. 174. Resposta aos questionamentos lançados pelo autor constam das páginas seguintes da obra indicada (mais precisamente, fls. 175 e 176) e merecem, pela qualidade do trabalho, serem lidas.
(219) ALVARO DE OLIVEIRA; Carlos Alberto. MITIDIERO, Daniel. *Curso de processo civil.* p. 47.

2.2.9. Direito fundamental à assistência jurídica integral e gratuita

O modelo constitucional de processo, para além da dita *assistência judiciária*, reconhece a todo e qualquer necessitado um *direito fundamental à assistência jurídica integral e gratuita*.[220][221]

Nada obstante seja possível afirmar que a previsão exceda em muito os limites do processo,[222] nele, a preocupação maior cinge-se ao alto custo da prestação jurisdicional. Não há negar, destarte, que a previsão guarda estreita relação com o tema *acesso à Justiça*.[223]

O objetivo maior é, sem que se possa olvidar, desonerar o necessitado de todo e qualquer custo oriundo do processo, de maneira a possibilitar que não deixe de defender suas posições jurídicas motivado por deficiência econômica.[224][225]

O que importa para o momento é fixar a lição de que, independentemente da natureza do direito posto à prova, não é possível tolher o *maior acesso à Justiça* mediante filtro de natureza econômica.[226] Não se está a afirmar que derive do comando constitucional obrigação estatal de prestar jurisdição, em toda e qualquer situação, graciosamente.[227] Longe disso! O comando maior ordena tão somente a graciosidade da atividade estatal para os necessitados *in concretu*.

O ponto fulcral da previsão deve ser compreendido no sentido de dela derivar o impedimento da constituição de quaisquer empecilhos, seja a título

---

(220) "Art. 5º (...) LXXIV — o Estado prestará assistência jurídica integral e gratuita aos que comprovarem insuficiência de recursos;"
(221) Na esfera trabalhista o tema, com redação datada de 1970, é objeto da Lei n. 5.584 do mesmo ano. A matéria é abordada a partir do art. 14 do referido diploma legal.
(222) BUENO, Cássio Scarpinella. *Curso sistematizado de processo civil*. p. 142.
(223) O "alto custo" do processo, inclusive, representou um dos gargalos do efetivo acesso à *Justiça* identificados por Cappelletti e Garth. Vide, neste sentido, obra de leitura obrigatória: CAPPELLETTI, Mauro; GARTH, Brian. *Acesso à justiça*. (trad.) Ellen Gracie Northfleet. Porto Alegre: Sérgio Fabris, 1988.
(224) "Vale dizer: a proteção jurídica estatal deve ser pensada em uma perspectiva social, permeada pela preocupação com a organização de um processo democrático a todos acessível". ALVARO DE OLIVEIRA, Carlos Alberto; MITIDIERO, Daniel. *Curso de processo civil*. p. 49-50.
(225) "O que se quer, de acordo com o art. 5º, LXXIV, da Constituição Federal é evitar que o *custo* inerente à prestação da atividade jurisdicional seja óbice para aqueles que não tenham condições de suportá-lo". BUENO, Cássio Scarpinella. *Curso sistematizado de processo civil*. p. 142.
(226) "Para que o Estado Constitucional logre o seu intento de tutelar de maneira adequada, efetiva e tempestiva os direitos de todos que necessitem de sua proteção jurídica (...) independentemente de origem, raça, sexo, cor, idade e **condição social** (...) mostra-se imprescindível preste assistência jurídica integral e gratuita aos que comprovarem insuficiência de recursos econômicos para bem informarem-se a respeito de seus direitos e para patrocinarem suas posições em juízo (...)". (grifos nossos). ALVARO DE OLIVEIRA, Carlos Alberto; MITIDIERO, Daniel. *Curso de processo civil*. p. 49.
(227) Neste mesmo sentido: BUENO, Cássio Scarpinella. *Curso sistematizado de processo civil*. p. 142-144.

de taxa, de emolumento, de *garantia de juízo*, ou a que título for, capazes de afastar o jurisdicionado da promoção da defesa de seus interesses com todos *os meios e recursos a eles inerentes*.

A promoção do preceito é, sem dúvida, *pedra de toque* para concretização do modelo constitucional de processo. Ignorá-lo a pretexto de sustentar uma ou outra ideologia, ou ainda, torneá-lo a partir de meras interpretações literais (quase sempre partidárias) é romper com os limites do razoável.[228]

O direito fundamental à assistência jurídica integral e gratuita integra a esfera jurídica de todos aqueles, pessoas físicas ou jurídicas, que encontrem na falta de possibilidades econômicas óbice ao *melhor acesso à Justiça*, independentemente da *classe* que socialmente ocupem. Não há, constitucionalmente falando, qualquer nota capaz de reduzi-la pelo só fato de o requerente, necessitado, ocupar esta ou aquela posição social. O acesso ao Poder Judiciário não pode, nem deve, esbarrar na maior ou menor condição financeira de quem dele necessita.

2.2.10. Direito fundamental à tutela adequada e efetiva

O Estado Constitucional de Direito encontra-se comprometido com o oferecimento de uma tutela jurisdicional *adequada* e *efetiva*.[229]

Efetiva, ressalte-se, no sentido de alcançar àquele que pleiteia a afirmação do direito, o próprio.[230] "A efetividade da tutela jurisdicional traduz uma preocupação com a especificidade" da prestação estatal, devendo o resultado da demanda "ser o mais aderente possível ao direito material".[231]

Quem pleiteia, exemplificativamente, sua reintegração ao posto laboral, não deve ser agraciado, senão em última instância, com mera indenização. Não é este o compromisso do Estado Constitucional de Direito.

> Uma vez superada a ideia de que o processo (...) só pode oferecer uma tutela pelo equivalente monetário às partes, oriunda do fenômeno da pessoalização dos direitos ocorrido desde o direito romano tardio, tem-se pontuado a prioridade natural e jurídica da tutela específica dos direitos. Não basta possibilitar à parte sempre

---

(228) A respeito do tema, no entanto, enfocado a partir da abordagem do *acesso à Justiça*, vide: PORTO, Sérgio Gilberto; USTÁRROZ, Daniel. *Lições de direitos fundamentais no processo civil.* p. 40-51.
(229) ALVARO DE OLIVEIRA, Carlos Alberto; MITIDIERO, Daniel. *Curso de processo civil.* p. 29.
(230) "(...) efetiva, no sentido de que consiga realizá-la especificamente". ALVARO DE OLIVEIRA, Carlos Alberto; MITIDIERO, Daniel. *Curso de processo civil.* p. 29.
(231) MITIDIERO, Daniel. *Processo civil e Estado constitucional.* p. 93.

tutela pelo equivalente monetário. Em atenção ao postulado da máxima coincidência, o processo deve ser estruturado de modo a propiciar às pessoas aquilo, tudo aquilo e exatamente aquilo a que elas têm direito no plano do direito material.[232]

Compõe, portanto, o rol de diretrizes traçadas pelo *modelo constitucional de processo* o dever estatal de ofertar ao jurisdicionado tutela apta a garantir a concretização das situações materiais (em espécie) protegidas pelo legislador, ou seja, *o próprio bem da vida salvaguardado pelo ordenamento material*.

Por sua vez, a noção de *adequação* da tutela jurídica estatal guarda estrita relação com a noção *procedimental*. A adequação da tutela, segundo doutrina de nomeada, pode ser concretizada a partir da edificação de "ritos especiais com níveis de cognição adequados, com provimentos adequados, dotados de técnicas processuais conformes às necessidades do caso" devendo ser levada a cabo de forma *abstrata* (pelo legislador) ou *concreta* (atuação do magistrado no caso concreto).[233]

Na perspectiva em epígrafe é vedado conceituar *procedimento* como mera sequência lógica de passos a serem percorridos no processo. A noção contemporânea figura como elemento indispensável à fiel concretização do modelo constitucional. O procedimento aplicável à apuração das contendas judiciais deve, também, adequar-se à promessa do legislador material. As peculiaridades do caso concreto merecem, sempre, ser observadas.

Não repugnamos aqui, por óbvio, a existência de um procedimento padrão — do qual é exemplo o procedimento ordinário (art. 274 e seguintes do CPC) —, no entanto, sustentamos que este procedimento — *padrão* — deva cumprir a função processual de dar guarida ao ordenamento material.

Não sendo isso possível face às particularidades do caso concreto, deve o procedimento — *padrão* — justificadamente, ser descartado, respeitados é claro, todos os demais *direitos fundamentais* que orientam a compreensão da moldura processual maior. Tal percepção não raro compete ao magistrado do caso concreto.[234]

---

(232) ALVARO DE OLIVEIRA, Carlos Alberto; MITIDIERO, Daniel. *Curso de processo civil*. p. 30-31.
(233) "(...) pode ser levada a efeito tanto em abstrato, pelo legislador, como em concreto, pelo órgão jurisdicional, dada a aplicabilidade imediata dos direitos fundamentais e os contornos do nosso Estado Constitucional". ALVARO DE OLIVEIRA, Carlos Alberto; MITIDIERO, Daniel. *Curso de processo civil*. p. 29.
(234) "(...) contanto, a ausência de legislação infraconstitucional ou mesmo a insuficiência da legislação existente autoriza o Poder Judiciário a concretizar de maneira imediata o direito à tutela jurisdicional". MITIDIERO, Daniel. *Processo civil e Estado constitucional*. p. 91.

2.2.11. Direito fundamental à prestação jurisdicional tempestiva

Como sabido, salvo raríssimas exceções, não é dado ao jurisdicionado fazer justiça com as próprias mãos, competindo ao Estado realizá-la mediante a prática da atividade jurisdicional.

A partir da constatação, quase unânime, de que a entrega da prestação jurisdicional (monopolizada pelo Estado) a destempo mais se aproxima de sua não prestação, viu-se compelido o Estado a reconhecer, em favor de todo e qualquer jurisdicionado, um direito *à razoável duração do processo,* ou melhor, o direito de gozar de uma prestação jurisdicional tempestiva.[235][236]

Segundo doutrina de peso, antes mesmo da inserção expressa de comando constitucional neste sentido já era possível, a partir de uma leitura sistemática de nosso ordenamento, reconhecer a existência do direito fundamental à tutela tempestiva.[237][238] Pretendeu-se com a inserção expressa da previsão, contudo, enfatizar que o tempo, bem dos mais escassos nas sociedades contemporâneas, não mais poderia ser vislumbrado como algo desimportante para o bom andamento do processo ou, ainda, como mero problema do demandante, como fora tratado outrora.[239][240]

---

(235) "A recepção do direito fundamental à tutela tempestiva percorreu um caminho interessante. Suas primeiras manifestações ocorreram na seara criminal, pelo sentimento de injustiça ocasionado pela manutenção de prisões provisórias, antes dos julgamentos definitivos, por tempo excessivo. PORTO, Sérgio Gilberto; USTÁRROZ, Daniel. *Lições de direito processual civil.* p. 100.
(236) "O substancial aumento no número de processos nas últimas décadas, cujas causas têm origens mais variadas — mormente na experiência do Ocidente, a revolução constitucional do pós-guerra, a desmedida injustiça social, a facilitação do acesso à Justiça e o irracionalismo dos sistemas processuais —, levou à fragilização das máquinas judiciárias e ao acréscimo da demora da tutela jurisdicional. Esse fato, somado à compreensão dos prejuízos ocasionados pela demora excessiva do processo e o amadurecimento do valor efetividade, elevou à categoria de direito fundamental o direito a um processo num prazo razoável, tendo sido positivado nessa qualidade (...)". DIAS, Handel Martins. O tempo e o processo. *Revista da Ajuris*, Porto Alegre, ano 34, n. 108, 2007. p. 234.
(237) PORTO, Sérgio Gilberto; USTÁRROZ, Daniel. *Lições de direito processual civil.* p. 100.
(238) "Desde a incorporação do Pacto de São José da Costa Rica em 1992, que prevê em seu art. 8 que 'toda persona tiene derecho a ser oída, con las debidas garantias y dentro de un plazo razonable, por un juez o tribunal competente, independiente e imparcial, establecido con anterioridad por ley, en la sustentación de cualquier acusación penal formulada contra ella, o para la determinación de sus derechos y obligaciones de orden civil, laboral, fiscal o de cualquier otro carácter", o direito fundamental a um processo num prazo razoável integra o direito brasileiro". DIAS, Handel Martins. O tempo e o processo. *Revista da Ajuris.* p. 235.
(239) "O tempo já foi visto como algo neutro ou cientificamente não importante para o processo. Certamente por isso foi jogado nas costas do autor, como se a demora fosse exclusivamente problema seu". MARINONI, Luiz Guilherme. *Teoria geral do processo.* p. 223.
(240) "Nos sistemas comparados, encontra-se a manifestação do princípio em inúmeras Constituições e Tratados. Na Constituição Italiana, ele está presente no art. 111 ('durata ragionevole'). Na Carta Portuguesa, o art. 20 garante uma 'decisão em prazo razoável'. Na Espanha, é garantido o direito ao

A despeito do relevante papel que desempenha no âmbito do *modelo constitucional de processo*, conceituar o direito à *razoável duração,* senão utópico, representa tarefa das mais espinhosas.

Mais singela, sem dúvida, é a tarefa de definir o que represente a duração *irrazoável* do processo, pois, exemplificativamente, não parece crível, independentemente da natureza do feito, perdure ele por várias e várias décadas, a ponto de os interessados sequer sobreviverem para conhecer seu resultado.

A identificação da tempestividade da prestação jurisdicional não escapa, segundo pensamos, da análise do caso levado a juízo, pois que, "somente à luz do caso concreto, com a análise dos sujeitos e do direito posto em causa" é que se poderá constatar o sucesso temporal da atividade jurisdicional.[241] Importa, portanto, mais do que conceituá-lo, compreendê-lo.

Bem preconiza doutrina de nomeada que processo com duração razoável é processo sem dilações indevidas. "A aferição da razoabilidade da duração do processo reclama atenção à complexidade da causa, para o comportamento das partes e para o comportamento das autoridades judiciais, e ainda para a legislação administrativa e de ordem geral".[242]

Em suma, sem maiores floreios, é possível afirmar que tutela prestada em tempo razoável é tutela que (1) do ponto de vista temporal, se preste a preservar o interesse da atuação estatal; (2) do ponto de vista das partes, lhes alcance a prestação aguardada em interregno compatível com seus reais interesses (respeitadas, é claro, as demais prerrogativas processuais) e, por fim, (3) do ponto de vista do Estado-juiz, que lhe permita cumprir seu mister em prazo de reflexão compatível com a complexidade da causa.

2.2.12. O *processo justo* como suma dos direitos fundamentais de natureza processual

Pode-se afirmar, segundo pensamos, que a cláusula do *due process of law*[243] ou do *devido processo de direito* deva, atualmente, ser lida e compreendida, *pelo*

---

processo sem 'dilaciones indebidas' (art. 24). A adoção brasileira, portanto, segue a linha esboçada nos ordenamentos ocidentais". PORTO, Sérgio Gilberto; USTÁRROZ, Daniel. *Lições de direito processual civil.* p. 101
(241) PORTO, Sérgio Gilberto; USTÁRROZ, Daniel. *Lições de direito processual civil.* p. 101
(242) ALVARO DE OLIVEIRA, Carlos Alberto; MITIDIERO, Daniel. *Curso de processo civil.* p. 56.
(243) "As doutrinas caracterizadoras do direito a um processo equitativo (CRP 20º /4) têm quase sempre como ponto de partida a experiência constitucional americana do **due process of law**. Nem sempre, porém, se tornam explícitas as premissas e a memória deste *due process.* Vale a pena, por isso, prestar alguma atenção às leituras americanas incidentes sobre o 'processo devido' (= processo justo) e verificar em que medida estas leituras podem ser transferidas para o nosso quadro jurídico-constitucional". CANOTILHO, José Joaquim Gomes. *Direito constitucional e teoria da Constituição.* p. 492.

menos do ponto de vista processual, como fórmula reveladora da suma dos direitos fundamentais de natureza processual.⁽²⁴⁴⁾⁽²⁴⁵⁾⁽²⁴⁶⁾

A doutrina muito debateu a respeito da existência, ou não, de distintas vertentes (*formal* e *substancial*) relativas ao tradicionalmente denominado *devido processo legal*,⁽²⁴⁷⁾⁽²⁴⁸⁾ porém, para os fins aqui colimados parece-nos suficiente,

---

(244) Segundo doutrina de renome "a ideia brasileira de 'devido processo legal' sofreu notável influência da 'cláusula do *due process of law*' — acalentada pela *common law* como derivação da expressão *law of the land* da Carta Magna", no entanto, a "importação, embora saudável em seu conteúdo material, ocasionou algumas dificuldades em solo nacional. Isto porque, mercê da cultura própria de nosso povo (cuja formação constitucional é diversa) e da própria tradução realizada pelo constituinte, gerou alguma perplexidade na comunidade jurídica. Efetivamente não se deve perder de vista que a importação tem origem no Direito anglo-saxão e, por decorrência, instituto originalmente integrante da família jurídica do *common law*, onde a principal fonte jurídica é o *stare decisis* (precedente judicial) e não a lei em sentido estrito. Assim, no momento em que é importado um conceito e usada a designação original decorrente da tradução literal, esta circunstância gera deformação, haja vista que o sentido da expressão 'legal' constante da designação *due process of law* existente na *common law*, à evidência, não se identifica com o sentido do conceito da expressão legal da *civil law*. O vício metodológico brasileiro foi agravado pela tradicional equiparação entre lei e Direito — e o desprezo pelas outras fontes jurígenas — observado no século XX". PORTO, Sérgio Gilberto; USTÁRROZ, Daniel. *Lições de direito processual civil*. p. 120.

(245) "Refere a nossa Constituição que 'ninguém será privado da liberdade ou de seus bens sem o devido processo legal' (art. 5º, inciso LIV, CRFB). Trata-se de norma que concomitantemente principia e enfeixa a disciplina do processo civil brasileiro — **a rigor principia e enfeixa a disciplina do processo jurisdicional brasileiro, seja civil, penal ou trabalhista**, e mesmo de alguns processos no âmbito privado. Principia, porque dele poderíamos extrair todos os demais; enfeixa, porquanto propicia abertura a outras normas que eventualmente se façam necessárias para adequar, em concreto, o processo justo brasileiro". ALVARO DE OLIVEIRA, Carlos Alberto; MITIDIERO, Daniel. *Curso de processo civil*. p. 27.

(246) "O Direito ao processo equitativo está hoje positivamente consagrado no art. 20º da CRP, no art. 6º da Convenção Europeia dos Direitos do Homem, no art. 14º do Pacto Internacional Relativo aos Direitos Civis e Políticos e no art. 10º da Declaração Universal dos Direitos do Homem". CANOTILHO, José Joaquim Gomes. *Direito constitucional e teoria da Constituição*. p. 492.

(247) A respeito da vertente formal assevera DIDIER JR. que o "devido processo legal (...) é, basicamente, o direito a ser processado e a processar de acordo com as normas previamente estabelecidas para tanto, normas estas cujo processo de produção também deve respeitar aquele princípio"; no que diz com a vertente material, no entanto, afirma que as "decisões jurídicas hão de ser, ainda, substancialmente devidas. Não basta a sua regularidade formal; é necessário que uma decisão seja substancialmente razoável e correta. Daí, fala-se em um princípio do devido processo legal substantivo". DIDIER JR., Fredie. *Curso de direito processual civil*. p. 37 e 31 respectivamente.

(248) "Como qualificar um processo como justo? Quais os critérios materiais orientadores da determinação do carácter 'devido' ou 'indevido' de um processo? As respostas — sobretudo as da doutrina americana — reconduzem-se fundamentalmente a duas concepções de 'processo devido' — a concepção *processual* e a concepção *material* ou *substantiva*. A **teoria processual** (*process oriented theory*) que poderíamos designar também por *teoria do processo devido por qualificação legal*, limita-se a dizer que uma pessoa 'privada' dos seus direitos fundamentais da vida, liberdade e propriedade tem direito a exigir que essa privação seja feita segundo um processo especificado na lei. Consequentemente, o acento tônico deve colocar-se na observância ou não do processo criado por lei para a aplicação das medidas privativas da vida, liberdade ou propriedade. A **teoria substantiva** pretende

sem descer a minúcias do debate doutrinário (que mereceriam, de per si, um livro próprio), compreender que a concretização do *processo justo* dar-se-á (do ponto de vista processual) mediante o respeito do conjunto de realizações, ou melhor, da fiel observância aos direitos fundamentais supra-aludidos ao longo da existência/tramitação do feito.[249][250]

Vale destacar, por oportuno, que, embora não duvidemos represente a busca da justiça do caso concreto o desiderato maior do sistema jurídico desenhado pelo Estado Constitucional de Direito, não há baralhar os conceitos de *sentença justa* e *processo justo*.

O aprimoramento legislativo e interpretativo para que se criem condições de ofertar ao jurisdicionado um trâmite pautado em valores fundamentais (*o processo justo*), não pode, sob qualquer hipótese, ser baralhado com a possibilidade de erro ou acerto por parte do Estado-juiz quando de sua manifestação substancial derradeira.

O arquitetamento (e respeito) de um sistema processual pautado em valores é tarefa que se exige de qualquer Estado que se diga de direito, mais do que isso, é elemento mínimo e indispensável, embora não suficiente, para assegurar a possibilidade de que julgamentos justos sejam racionalmente realizados.[251]

O *processo justo, devido processo legal* ou, ainda, o *devido processo de direito*, dê-se o nome que melhor convier, à evidência, deve ser compreendido, como embalagem que circunda e anuncia, tanto a existência, como o dever de respeito à totalidade dos direitos fundamentais de natureza

---

justificar a ideia material de um *processo justo*, pois uma pessoa tem direito não apenas a um *processo legal* mas sobretudo a um processo *legal, justo e adequado*, quando se trate de legitimar o sacrifício da vida, liberdade ou propriedade dos particulares. Esta última teoria é, como salienta doutrina norte-americana, uma *value-oriented theory*, pois o processo devido deve ser materialmente informado pelos princípios da justiça". CANOTILHO, José Joaquim Gomes. *Direito constitucional e teoria da Constituição*. p. 494.

(249) "O direito fundamental ao devido processo constitui um princípio. O direito ao processo justo não indica os comportamentos cuja adoção irá contribuir para a promoção gradual do ideal de protetividade nele ínsito. Como princípio, exige a realização de um estado ideal de protetividade de direitos, tendo a função de *criar* os elementos necessários à promoção do ideal de protetividade (função integrativa), *interpretar* as regras que já preveem elementos necessários à promoção do ideal de protetividade (função interpretativa), *bloquear* a eficácia das regras que preveem elementos incompatíveis com a promoção do ideal de protetividade (função bloqueadora) e *otimizar* o alcance do ideal de protetividade dos direitos no Estado Constitucional (função otimizadora)". ALVARO DE OLIVEIRA, Carlos Alberto; MITIDIERO, Daniel. *Curso de processo civil*. p. 27.

(250) A respeito, vide: COMOGLIO, Luigi Paolo. Garanzie costituzionali e giusto processo. *Revista de Processo*. São Paulo, RT, v. 90. p. 95-150, 1998.

(251) ALVARO DE OLIVEIRA, Carlos Alberto; MITIDIERO, Daniel. *Curso de processo civil*. p. 28.

processual. Por assim dizer, a *fórmula mínima* a que partes e Estado deverão subordinar-se até a efetiva composição do litígio.[252][253]

Ao fim e ao cabo, portanto, é possível afirmar sim que tal fórmula representa *a suma (o resumo)*, sem prejuízo de novas percepções valorativas que auxiliem na melhor lapidação do *instrumento* ético proposto pela Constituição Federal, de todos aqueles direitos constitucionais acima aludidos.

Fique claro, contudo, que inexiste qualquer justificativa (social, política ou econômica) apta a legitimar *subsistemas processuais (sejam eles penais, laborais, civis etc.)* que, em sua estruturação ou releitura, escapem ou ignorem as exigências do modelo constitucional. Àqueles que outrora, por esse ou aquele motivo, caminharam na contramarcha do modelo maior, seja pela via interpretativa, ou até mesmo revogatória legislativa, é chegada a hora do juízo final.

Fora dos lindes estabelecidos pela Constituição Federal de 1988 (*o modelo constitucional de processo*) nenhum deles triunfará.

---

(252) "A fórmula mínima do processo justo está em estruturar-se o formalismo processual de modo a nele terem lugar os direitos fundamentais à tutela jurisdicional adequada e efetiva (art. 5º, inciso XXXV, CRFB), ao juiz natural (art. 5º, incisos XXXVII e LIII, CRFB), à representação técnica (art. 133, CRFB), à paridade de armas (art. 5º, inciso I, CRFB), ao contraditório (art. 5º, inciso LV, CRFB), à ampla defesa (art. 5º, inciso LV, CRFB), à prova (art. 5º, inciso LVI, *a contrário sensu,* CRFB), à publicidade (arts. 5º, inciso LX, e 93, inciso IX, CRFB), à motivação da sentença (art. 93, inciso IX, CRFB), à assistência jurídica integral (arts. 5º, inciso LXXIV, e 134, CRFB) e à duração razoável do processo (art. 5º, inciso LXXVIII, CRFB). Fora daí, fere-se nosso perfil constitucional de processo". ALVARO DE OLIVEIRA, Carlos Alberto; MITIDIERO, Daniel. *Curso de processo civil.* p. 28.
(253) Vide, a respeito, o ótimo ensaio: MATTOS, Sérgio Luiz Wetzel de. O processo justo na Constituição Federal de 1988. *Revista da Ajuris,* Porto Alegre, ano 30, n. 91, 2003. p. 215-260.

# PARTE II

3. OS DITAMES PROCESSUAIS INFRACONSTITUCIONAIS E SUA ADEQUAÇÃO AO MODELO CONSTITUCIONAL DE PROCESSO: QUESTÕES PARA REFLEXÃO

Sustentamos na primeira parte de nossos escritos, após investigar os pressupostos histórico-sociais que nortearam a edificação do sistema processual consolidado, a existência de um molde constitucional processual do qual nenhum dos subsistemas processuais pode distanciar-se: o *modelo constitucional de processo*.

Feito isso, consoante anunciamos, aproxima-se o momento de pôr em xeque, ainda que pontualmente, a compatibilidade do processo do trabalho (tal e qual se apresenta no dia a dia forense) diante do hodierno paradigma constitucional processual. O cotejo realizado tomará por base os traços processuais que, pelo menos em tese, discernem o processo do trabalho dos demais de natureza não penal.

A tarefa, despida de qualquer pretensão ideológica (corriqueiramente vislumbrada nos escritos especializados) visa identificar a adequação/compatibilidade, ou não, de um subsistema (o processual trabalhista, derivado do Decreto-lei n. 1.237/39 e posteriormente consolidado) que, arquitetado em contexto histórico diverso do que norteou a criação do modelo delineado pelo Estado Constitucional de Direito, supera seus 70 anos de idade.

Uma releitura do processo do trabalho, *septuagenário*, se impõe. Malgrado a orientação político-ideológica de seu tempo é preciso, em nome dos valores que ascenderam, entre nós, a partir da derradeira década do século XX, relê-lo, despido das (pré)concepções jurídico-sociais que orientaram um país, à época, quase rural. Relê-lo à luz da teoria dos direitos fundamentais representa, independentemente da ideologia que nos pareça mais adequada, pouco mais do que obrigação do jurista do novo século.

Eis nossa tarefa a partir de então!

3.1. Do *PROTECIONISMO* PROCESSUAL

Não há negar a preponderância da corrente doutrinária que vislumbra no processo laboral nota protecionista,⁽²⁵⁴⁾ havendo, inclusive, quem sustente ser o famigerado *protecionismo* o único e verdadeiro princípio do processo do trabalho.⁽²⁵⁵⁾

O dito *protecionismo processual* deve ser investigado, a nosso sentir, pelo menos a partir de dois distintos enfoques: (a) *no âmbito da edificação do texto legal* e, (b) *da condução do processo*, pena de incompletude da abordagem.

Palmilhando o tema no trilho do primeiro enfoque, Sérgio Pinto Martins assevera que são exemplos da *estruturação protetiva* do processo do trabalho:

> (...) a gratuidade do processo, com a dispensa do pagamento das custas (§ 3º do art. 790 da CLT), beneficiando o empregado, nunca o empregador. O empregado não precisa pagar custas para ajuizar a ação. Da mesma forma, a assistência judiciária gratuita é concedida apenas ao empregado pelo sindicato e não ao empregador (Lei n. 5.584/70). (...) O impulso oficial *ex officio* determinado pelo juiz, na execução, no processo de alçada da Vara, beneficia o empregado. O arquivamento do processo do empregado (art. 844 da CLT) também não deixa de ser uma regra protecionista, impedindo que seja apresentada a contestação e proporcionando que o obreiro ingresse novamente com a ação. A ação, de forma geral, é proposta no último local em que o empregado trabalhou ou trabalha, de modo que possa ter melhores condições de prova e menores gastos (art. 651 da CLT). O empregador tem de fazer depósito para poder recorrer, e não o empregado.

Perceba-se que, de fato, em determinadas passagens o texto processual laboral pende para o lado do trabalhador, presumidamente parte mais frágil na relação jurídica.⁽²⁵⁶⁾ A justificativa, segundo doutrina de renome, é idêntica à do plano do direito material.⁽²⁵⁷⁾⁽²⁵⁸⁾

---

(254) Neste sentido: GIGLIO. Wagner D.; CORRÊA, Claudia Giglio Veltri. *Direito processual do trabalho*. p. 83-85; LEITE, Carlos Henrique Bezerra. *Curso de direito processual do trabalho*. p. 70; RODRIGUEZ, Américo Plá. *Visión crítica del derecho procesal del trabajo*. In: GIGLIO, Wagner (Coord.). *Processo do trabalho na América Latina*: estudos em homenagem a Alcione Niederauer Corrêa. São Paulo: LTr, 1992. 243-254; NETO, Francisco Ferreira Jorge; CAVALCANTE, Jouberto de Quadros Pessoa. *Direito processual do trabalho*. p. 98-100, entre outros.
(255) MARTINS, Sérgio Pinto. *Direito processual do trabalho*. p. 41.
(256) "Como exemplo da aplicabilidade do princípio protetor no processo do trabalho temos: a) a assistência judiciária gratuita, que é concedida ao empregado (arts. 14 e seguintes, Lei n. 5.584/70); b) a inversão do ônus da prova em prol do empregado; c) o arquivamento da ação quando da ausência do reclamante à audiência de instrução e julgamento (art. 844, CLT), enquanto o reclamado é tido como revel e confesso quanto à matéria de fato; d) o impulso processual de ofício determinado pelo juiz quando da execução (art. 878); e) a obrigatoriedade do depósito recursal para o empregador (art. 899, § 4º)". NETO, Francisco Ferreira Jorge; CAVALCANTE, Jouberto de Quadros Pessoa. *Direito processual do trabalho*. p. 100-101.

Analisados os *privilégios processuais* supostamente concedidos ao trabalhador quando da estruturação do sistema processual, percebe-se que há, por parte da doutrina especializada, no mínimo, reticência em realizar uma abordagem mais larga do ordenamento jurídico, talvez porque capaz de elucidar que o que se anuncia com ares de *protetividade do processo do trabalho* verdadeiramente não o seja.

A previsão de concessão do benefício da Justiça gratuita aos trabalhadores de baixa renda ou que se declarem incapazes de arcar, sem prejuízo do sustento próprio ou de sua família, com os gastos do processo, por exemplo, legitima-se diante da hipossuficiência econômica de uma das partes (art. 790, § 3º, da CLT). Não nos parece, porém, seja esta uma peculiaridade do sistema processual trabalhista, pois, além de a Lei n. 1.060/50 contar com redação assemelhada (art. 4º), há dispositivo constitucional que enquadra a *assistência jurídica integral* (algo maior do que a *assistência judiciária*) como elemento essencial do modelo constitucional de processo.[259] Afirmativa de que o benefício não possa ser concedido jamais ao *reclamado* nos parece, no mínimo, fora de esquadro. Pergunta-se: *alegada* e *provada* insuficiência econômica, por exemplo, do ex-empregador (inserto no polo passivo da demanda com fundamento nos arts. 10 e 448 da CLT) não seria possível isentá-lo do pagamento de custas e emolumentos, ou, ainda, dele não exigir a comprovação de *depósito* para fins recursais? Resposta negativa, ainda que corriqueira, estaria em consonância com os ditames da matriz constitucional de processo?

Sublinhe-se que é o próprio texto consolidado quem revela ser a proteção devida ao trabalhador hipossuficiente econômico. O simples fato de ser *trabalhador* não isenta ninguém de arcar com os gastos do processo laboral. É preciso mais. Ou o *trabalhador* comprova percepção de rendimentos iguais ou inferiores a dois salários mínimos (e daí presume-se que o gasto com o processo interferirá de forma relevante na economia familiar do trabalhador), ou se declara sem condições de arcar com os custos do processo. O critério avaliado para fins de isenção, inegavelmente, é a condição econômica do litigante, nada mais. A nosso sentir, o tema supera em muito os lindes do processo do trabalho, motivo pelo qual, por si só, não pode servir de elemento à construção de uma teoria *protetivista* do processo laboral.

---

(257) "O princípio protetor deriva da própria razão de ser do Direito do Trabalho, pois esta disciplina foi criada para compensar a desigualdade real existente entre empregado e empregador, que são, na verdade, os mesmos litigantes do processo laboral.". LEITE, Carlos Henrique Bezerra. *Curso de direito processual do trabalho*. p. 70.
(258) A respeito, no plano do Direito Material do Trabalho, vide: DELGADO, Mauricio Godinho. *Curso de direito do trabalho*. p. 197-199
(259) BUENO, Cássio Scarpinella. *Curso sistematizado de direito processual civil*. p. 142-144.

Destaca-se, de outra banda, como previsão protecionista o conteúdo do art. 884 da CLT.[260] Eis um verdadeiro privilégio, que a nosso sentir não se legitima. A previsão torna diferenciada a matéria laboral se comparada ao processo civil. Observe-se que no momento da audiência à qual não comparece o *reclamante*, o *reclamado* encontra-se devidamente citado. Fora dos limites laborais, em regra, a ausência do autor não possui o condão de determinar o arquivamento *incontinenti* do feito, pois que, devidamente citado o réu, pode este, por interesse próprio, pretender ver julgada no mérito a ação. Consoante doutrina de peso, o tratamento legal diferenciado constituiu a exteriorização do princípio da proteção ao trabalhador no âmbito do processo laboral.[261] Ausente o *reclamante* o feito será arquivado, podendo este (re)propor a ação em momento que melhor convier.[262]

Outros dois elementos levantados de forma corriqueira pela doutrina como caracterizadores do modelo *protetivo* de processo são (a) a exigência, para o empregador, de *depósito* prévio para fins de acesso aos Tribunais recursais e, (b) a possibilidade de a execução ter início *ex officio*. A respeito dos temas discorreremos, respectivamente, nos itens 3.2 e 3.5 do presente estudo.

Legitimem-se, ou não, os *privilégios processuais* diante do modelo constitucional de processo (análise que será feita oportunamente), importa destacar que estes (*os privilégios*) pertencem *previamente* à regra do jogo, ou seja, compõem a fase *estrutural* do sistema processual trabalhista que, deste ponto de vista, pode sim ser considerado *protetivo*. Saliente-se, no entanto, que o fato de admitirmos a *protetividade estrutural* do sistema consolidado não se confunde como o que pensamos a respeito da constitucionalidade, ou não, da referida *protetividade*.

Do ponto de vista da *condução* do processo, pelo contrário, não há falar em conduta protecionista por parte do julgador, pena de violação ao *modelo constitucional de processo*.[263] A lição, não raro, tem sucumbido na prática. O fato é culturalmente explicável. Aqueles que se dedicam ao Direito do Trabalho, e o estudam por afinidade, encontram-se, em esmagadora maioria, imbuídos do

---

(260) Art. 844 — O não comparecimento do reclamante à audiência importa o arquivamento da reclamação, e o não comparecimento do reclamado importa revelia, além de confissão quanto à matéria de fato. Parágrafo único — Ocorrendo, entretanto, motivo relevante, poderá o presidente suspender o julgamento, designando nova audiência.
(261) "Acrescentamos, ainda, que a ausência dos litigantes à audiência trabalhista implica o arquivamento dos autos para o autor (geralmente empregado) e revelia e confissão ficta para o réu (geralmente empregador). Esse tratamento legal diferenciado constituiu a exteriorização do princípio da proteção ao trabalhador no âmbito do processo laboral.". LEITE, Carlos Henrique Bezerra. *Curso de direito processual do trabalho*. p. 71.
(262) Sublinhe-se, no entanto, a previsão do art. 732 da CLT.
(263) Em sentido contrário, vide: GIGLIO. Wagner D.; CORRÊA, Claudia Giglio Veltri. *Direito processual do trabalho*. p. 85.

sentimento (oitocentista) que motivou o surgimento deste ramo especializado do Direito. As feições protecionistas materiais são, *ainda que muitas vezes inconscientemente*, carreadas ao processo e com certa frequência comprometem a *imparcialidade* que se exige do julgador.

Certo ou errado temos que no plano da *estruturação* do processo o legislador atribuiu certos privilégios à classe trabalhadora visando, ao que tudo indica, fulminar suposta desigualdade socioeconômica entre os contendores. No entanto, tal desigualdade, pelo menos no mundo do processo, segundo pensamos, restou sanada ao tempo da própria *estruturação* do sistema. Conceder ao trabalhador mais do que os privilégios legais, representa desemparelhar a balança da Justiça ao inverso. Utilizemo-nos, para melhor explicitar nosso entendimento, da metáfora, a saber: Uma balança (a da Justiça) possui dois pratos com pesos distintos. Um deles (o do trabalhador) pesa 1,0 kg; o outro (do empregador) 5,0 kg. Vazios, por óbvio, o prato do empregador estará sempre junto ao solo (porque mais pesado), enquanto o do trabalhador, mais leve, estará sempre suspenso. Imaginemos agora que a legislação processual, no afã de equilibrar os pratos, tenha carregado o do trabalhador com determinadas vantagens processuais (todas aquelas previstas pelo texto normativo). Feito isso, os pratos passaram a contar com pesos iguais, restando ambos suspensos e alinhados. Caso reconheçamos a possibilidade da inserção por parte do juiz — no momento da condução do processo — de mais peso no prato do trabalhador, por se fazer mais pesado este, as posições inaugurais restariam invertidas, ou seja, o prato do trabalhador passaria, agora, a tocar o solo, enquanto o do empregador restaria sempre suspenso (porque, em razão da participação judiciária, mais leve).

Doutrina de renome assevera que:

> Objetam alguns que o Direito Processual do Trabalho não poderia tutelar uma das partes, sob pena de comprometer a própria ideia de justiça, posto que o favorecimento afetaria a isenção de ânimo do julgador. Não lhes assiste razão, **pois justo é tratar desigualmente os desiguais, na mesma proporção em que se desigualam**, e o favorecimento é qualidade da lei e não defeito do juiz, que deve aplicá-la com objetividade, sem permitir que suas tendências pessoais influenciem seu comportamento. Em suma: o trabalhador é protegido pela lei e não pelo juiz. (grifos nossos)[264]

Sublinhe-se que, bem compreendida, a afirmativa labora com a quase totalidade dos elementos necessários à afirmação da tese de que no plano da *condução* do processo não há falar em protetividade processual. É a própria doutrina quem limita o âmbito de favorecimento dos *desiguais* (à proporção em

---

(264) GIGLIO, Wagner D.; CORRÊA, Claudia Giglio Veltri. *Direito processual do trabalho*. p. 85.

que se desigualam). Ora, se as previsões estruturais do sistema processual colocam em pé de igualdade trabalhadores e empregadores (*igualando o peso dos pratos da balança*), não pode o juiz (agindo protetivamente) desigualá-las novamente, agora em benefício do trabalhador. Afinal de contas, o objetivo é igualar os desiguais ou desigualar os, agora, iguais (após a concessão de benefícios)?

Perceba-se que qualquer atuação protetiva do magistrado no plano da *condução* do processo, ao invés de igualar os desiguais, desiguala os contendores (já igualados por força dos privilégios alcançados a um deles pelo texto normativo). O processo do trabalho pode, portanto, ser considerado *protetivo* mas tão somente na medida em que (pré)estabelece regramento diferenciado em benefício dos trabalhadores, jamais do ponto de vista, por exemplo, da interpretação do conjunto probatório (*na dúvida, em favor do reclamante*) como pretendem alguns.

Partindo da premissa de que pelo menos no âmbito da *estruturação* do processo se mostre *protecionista* o processo do trabalho é preciso, ainda, verificar se a referida *protetividade* encontra amparo no modelo constitucional de processo, ou melhor, se os privilégios supra-apontados se legitimam à luz da moldura maior (pois, que concedidos outrora).[265]

Vimos alhures que figura entre os *direitos fundamentais de natureza processual* a *isonomia*,[266] tendo asseverado a melhor doutrina que:

> (...) o mero tratamento desigual, por si só, não agride, necessariamente, a isonomia constitucional. O que revela é que o tratamento desigual seja suficientemente justificável, isto é, que ele seja devido e adequado para *equilibrar,* perante o Estado (...) situação de desequilíbrio estranho ao processo ou, quando menos, que surge no próprio plano do processo. É o que deriva da costumeira lição de que o tratamento desigual se justifica na medida exata da desigualdade combatida.[267]

Da norma da igualdade estabelecida pelo art. 5º, inciso I, da Constituição Federal derivam, certamente, importantes consequências para o *modelo constitucional de processo*. Primeiro, o processo deve ser *estruturado* de forma a equiparar eventuais desconsonâncias oriundas do plano material e, segundo, uma vez sanadas estas desconsonâncias, o órgão judicial estará obrigado a *dirigi-lo* de forma a assegurar aos contendores igualdade de tratamento.[268]

---

(265) A doutrina clássica, por motivos já suscitados, não costuma realizar o cotejo entre o *modelo constitucional de processo*, aplicável inclusive para o processo do trabalho, e o mesmo. Encontramos, na melhor das hipóteses, a tentativa, geralmente *provida de interesses*, de aproximar direito material e processual, tarefa que reputamos importantíssima (e essencial), desde que isenta de ideologias acobertadas.
(266) Remetemos o leitor, a respeito, para o item 2.1.4 da presente obra.
(267) BUENO, Cássio Scarpinella. *Curso sistematizado de direito processual civil.* p. 131.
(268) ALVARO DE OLIVEIRA, Carlos Alberto; MITIDIERO, Daniel. *Curso de processo civil.* p. 33.

Lido o processo do trabalho com os óculos do *modelo constitucional de processo vigente*, parece-nos que nenhuma falta grave se cometa ao admitir que, pelo menos no plano de sua *estruturação*, tenha agido acertadamente o legislador aos instituir privilégios à parte hipossuficiente da relação material, desde que admitamos que a *protetividade* aludida respeite o limiar (pré)estabelecido. Admitir que a possibilidade de conduta *protecionista* exacerbe os lindes (pré)determinados, a nosso sentir, representa grave violação à moldura constitucional. Não pode o condutor do processo, sem autorização da Carta maior, agir de forma a atar um dos contendores (influenciado por ideologia histórica) de maneira a tornar o processo via de mão única, quase sempre contrária ao empregador.

Nada obstante admitamos não seja tarefa das mais fáceis livrar-se da ideologia protetiva incrustada nos manuais especializados, o cuidado com a retidão e não a protetividade na condução do processo é conduta que não pode sucumbir na prática forense, pena de afronta ao sistema desenhado/albergado pela Constituição Federal de 1988.

3.2. DO DEPÓSITO RECURSAL

É taxativo o texto consolidado ao exigir para fins de preparo recursal em sentido largo a realização, por parte do vencido, de depósito condizente com o valor da condenação imposta.[269][270] Segundo doutrina majoritária, porém, o depósito torna-se exigível apenas quando o empregador for recorrente.[271][272]

O objetivo do presente tópico, registre-se, não é o de abordar *manualisticamente* o tema, descrevendo minúcias e formalidades excessivas que o circundam, mas abordá-lo a partir do cotejo com os *direitos fundamentais à jurisdição* (ou acesso à Justiça) e *à assistência jurídica integral*, integrantes do *modelo constitucional de processo*.

Nenhuma novidade pode representar a afirmativa de que, à luz do *modelo constitucional*, o benefício da gratuidade da Justiça, compreendido em seu sentido mais largo, deva ser alcançado, também, às pessoas jurídicas (figurem elas na condição de autoras ou rés em processos judiciais; sejam elas públicas ou privadas), bastando requerimento e comprovação da deficitária condição econômica em que se encontram.

---

(269) Vide art. 899, §§ 1º e 2º, da CLT.
(270) A respeito do tema, vide súmulas ns. 35, 99, 128, 216, 217 e 245, todas do TST.
(271) Com fulcro na disposição contida no quarto parágrafo do art. 899 da CLT, doutrina majoritária afirma que o depósito é exigível apenas do empregador. Neste sentido, por todos: NETO, Francisco Ferreira Jorge; CAVALCANTE, Jouberto de Quadros Pessoa. *Direito processual do trabalho*. p. 101.
(272) A respeito da regulamentação dos valores (sentenças líquidas e ilíquidas) e formas relativos à realização do depósito, vide: GIGLIO. Wagner D.; CORRÊA, Claudia Giglio Veltri. *Direito processual do trabalho*. p. 450-456; MARTINS, Sérgio Pinto. *Direito processual do trabalho*. p. 399-403; NETO, Francisco Ferreira Jorge; CAVALCANTE, Jouberto de Quadros Pessoa. *Direito processual do trabalho*. 3. ed. Rio de Janeiro: Lumen Juris, 2007. p. 922-928, entre outros.

Diz-se, *benefício da gratuidade da Justiça em seu sentido mais largo*, porque, conforme constatamos, a previsão constitucional supera em muito a mera obrigação estatal relativa à concessão da *assistência judiciária gratuita*.[273] A possibilidade de concessão do benefício para pessoas jurídicas é admitida com certa folga, inclusive, na própria jurisprudência do TST.[274]

O debate que se impõe será estabelecido a partir da seguinte ementa colhida junto ao repositório de jurisprudência do Egrégio Tribunal Superior do Trabalho:

> **RECURSO DE REVISTA. PRELIMINAR DE DESERÇÃO SUSCITADA EM CONTRARRAZÕES PELAS RECLAMANTES.** Os benefícios da assistência judiciária conferidos às pessoas jurídicas não abrangem o depósito recursal, em razão da sua natureza jurídica de garantia do juízo, e não de taxa. Preliminar de deserção acolhida, para não se conhecer do recurso de revista da reclamada. (RR-91/2003-342-05-00.3)

O voto da ministra relatora, amparado num sem número de precedentes, relata que "a pessoa jurídica, que alega e comprova insuficiência econômica, faz jus à gratuidade da Justiça. **Entretanto, ainda que deferida a gratuidade, essa não se estende ao depósito recursal, porque não tem este natureza jurídica de taxa**, mas de garantia de juízo", e prossegue, "não se aplicando os benefícios da assistência judiciária quanto ao recolhimento do depósito recursal, e considerando que a reclamada não efetuou o depósito para a interposição do recurso de revista, acolho a preliminar de deserção e não conheço do recurso de revista da reclamada".[275] Ao fundamentar seu posicionamento o juízo alude ao seguinte precedente que, pelo conteúdo, merece ser transcrito:

> A assistência judiciária prevista na Lei n. 1.060/50 configura benefício concedido ao hipossuficiente para que ele possa movimentar o processo de forma gratuita. Rege-se no âmbito da Justiça do Trabalho de acordo com os requisitos contidos no art. 14 e seguintes da Lei n. 5.584/70. O Art. 14 da Lei n. 5.584/70, no entanto, excluiu deste benefício o empregador. **Basta fazer uma exegese literal do aludido preceito para se chegar a esta conclusão**. Na hipótese vertente, há dois óbices para o não deferimento da assistência judiciária: primeiro, trata-se de possibilidade ao hipossuficiente; **segundo, que mesmo que se entendesse que a Lei n. 1.060/50 não excepcionou a figura do empregador existiria outro impedimento, pois o art. 3º da aludida lei exime apenas o pagamento das despesas processuais** e o depósito recursal trata-se de garantia do juízo de execução (AIRR-713-2002-024-15-40, Ac. 5ª Turma, Rel. Min. Rider Nogueira de Brito, DJ 9.5.2003) (grifos nossos).

A problemática, segundo pensamos, ocupa-se de elementos superiores aos acima apontados e, atualmente, deve ser enfrentada a partir de enfoque diverso, isto é, a partir do modelo constitucional de processo que se impõe pelo Estado Democrático de Direito em que vivemos.

---

(273) Por apreço à objetividade, remetemos o leitor para o item 2.1.10 da presente obra.
(274) "A Corte tem adotado o entendimento de que a pessoa jurídica, que alega e comprova insuficiência econômica, faz jus à gratuidade da Justiça (...)". RR-91/2003-342-05-00.3, 5ª Turma do TST, Min. Rel. Kátia Magalhães Arruda.
(275) Vide fls. 03 e 12 do aresto proferido no Recurso de Revista n. 91/2003-342-05-00.3.

Obviamente, aquele que postula a gratuidade da Justiça não está a fazê-lo de forma parcial. Uma vez demonstrado ao Estado sua impossibilidade de arcar com o *preço/custo* do processo, não fragmenta sua afirmativa. A justificativa de que o *depósito judicial não possui natureza de taxa, data maxima venia,* não tem o condão de ilidir a certeza do peso econômico que se assentará sobre a esfera jurídica do empregador por conta da exigência infraconstitucional. Inexistindo condição econômica de suportá-la, figurará sim o *depósito* recursal, gostemos ou não, como ilegítimo entrave ao maior *acesso à Justiça*.[276]

Não basta, por óbvio, trabalhar o tema *acesso à Justiça* ou *direito de ação* numa perspectiva oitocentista, conformada com a mera possibilidade de o jurisdicionado bater às portas do Judiciário (perspectiva estática). Sabe-se que o conceito do direito de *ação* — tão valorado outrora — não mais goza de idêntico entendimento, de forma que não satisfaz a melhor doutrina vislumbrá--lo como o mero ato "solitário de invocar a jurisdição".[277]

O ato de pedir a afirmação de um direito, ou defender-se de acusação de violação do ordenamento jurídico em juízo deve ser vislumbrado apenas como porta de acesso à consolidação do direito de ação na perspectiva moderna. A cada ato processual, tal direito deve prosperar iluminado pelos ditames do Estado Constitucional de Direito. Destarte, exerce o direito de ação o demandante ao influir no convencimento do magistrado, ao produzir, comentar e discutir a matéria de fundo contida na prova; ao recorrer, ao contrarrazoar; ao executar, ao pedir antecipação de provimentos etc. A cada novo ato processual o direito de ação deve se fazer sentir. O direito à tutela jurídica estatal deve ser vislumbrado numa perspectiva dinâmica e não mais estática como sustentado em passado nem tão distante.

Se uma das vertentes do *direito fundamental à assistência jurídica integral e gratuita* demonstra preocupação em isentar o jurisdicionado de quaisquer ônus financeiros derivados do processo (exatamente porque não possui condições de arcar com o custo global do mesmo) e, o ato de recorrer encorpa/integra o *direito fundamental à jurisdição* numa perspectiva contemporânea, aceitar que o benefício da gratuidade não se estenda ao *depósito recursal* (nada obstante o não custeio deste impeça o *acesso aos Tribunais*) representa pouco mais do que incongruência jurídica.

---

(276) Por oportuno, traga-se à baila o exemplo do *processo do trabalho* uruguaio. No dia 13 de setembro de 2009, fora publicada a Lei n. 18.572, que trata da "Abreviación de los Procesos Laborales" (APL). O texto normativo contou com exigência similar à constante do art. 899 da CLT, prevendo a necessidade de efetivação de depósito de 50% do valor da condenação para fins de preparo recursal. A *Suprema Corte de Justicia* uruguaia já declarou, com efeitos *inter partes*, ser inconstitucional a exigência legal.
(277) MARINONI. Luiz Guilherme. *Teoria geral do processo.* p. 221.

Curvar-se à justificativa de que (a) a natureza do depósito não é de *taxa judiciária* (como se apenas o peso econômico desta fosse objeto de proteção pelo dispositivo constitucional) e, (b) de que os diplomas infraconstitucionais (um de 1960 (Lei n. 1.060) e outro de 1970 (Lei n. 5.584)) não preveem a hipótese taxativamente (*depósito recursal*), não parece seja o melhor caminho.[278]

A exigência do *depósito* não deve ser de todo rechaçada, pois deveras contribui com a segurança do juízo da execução, no entanto, parece-nos pouco mais do que óbvio que não poderá triunfar nos casos em que o peso econômico da exigência viole o *maior acesso à Justiça*.

Respeitadas opiniões em contrário, não há negar que o *depósito, atribua-se a natureza jurídica que melhor convier, possui sim peso econômico e, toda vez que concretamente representar empecilho ao prosseguimento do feito (ou seja, vedação ao mais completo acesso à Justiça) deverá ser relevado em nome do modelo constitucional de processo, pois que não pode e não deve representar a chave do cadeado que dá acesso ao grau imediatamente superior de jurisdição*.

Do cotejo entre o *modelo processual* albergado pela Carta de 1988 e as previsões estatuídas ao longo dos parágrafos do art. 899 da CLT e legislação esparsa (arquitetados, rememore-se, noutro contexto histórico), extraímos que, dentre tantas possíveis, interpretação capaz de mantê-lo legítimo no cenário social contemporâneo dificilmente escaparia à seguinte forma: a exigência de depósito recursal por si só afigura-se lícita, em nada contrariando o modelo constitucional de processo, ressalvadas, à evidência, as hipóteses concretas nas quais o peso econômico da exigência infraconstitucional represente a falta de acesso ao grau de jurisdição imediatamente superior, face à insuficiência econômica do recorrente. Eis, em suma, nossa proposta interpretativa.

3.3. DA IRRECORRIBILIDADE IMEDIATA DAS DECISÕES INTERLOCUTÓRIAS

Não se há de olvidar que a *irrecorribilidade imediata das decisões interlocutórias* figura como uma das principais notas distintivas de um sistema estruturado à luz do modelo oral de processo.[279] O processo do trabalho brasileiro, pelo menos legislativamente, acolhe o expediente com todas as letras.[280]

---

(278) A respeito da crítica à interpretação meramente literal, vide, com grande proveito, por todos: GUASTINI, Riccardo. *Das fontes às normas*. São Paulo: Quartier Latin, 2005.
(279) A respeito do tema vide apontamentos constantes do item 1.2.
(280) "De forma diversa do que ocorre no processo civil, cujas decisões interlocutórias proferidas no curso do processo podem ser impugnadas por agravo (...), **o Direito Processual do Trabalho não admite recurso específico algum contra tais espécies de atos judiciais**, salvo quando terminativas do feito no âmbito da Justiça do Trabalho". LEITE, Carlos Henrique Bezerra. *Curso de direito processual do trabalho*. p. 497.

Art. 893 (...) § 1 Os incidentes do processo são resolvidos pelo próprio Juízo ou Tribunal, admitindo--se a apreciação do merecimento das decisões interlocutórias somente em recursos da decisão definitiva.

As decisões interlocutórias, a despeito do entendimento de certa corrente doutrinária, desafiam sim recurso no âmbito do processo laboral. A diferença em relação ao *processo comum* diz apenas com o momento de seu julgamento.

A partir da constatação é possível asseverar que, represente o *duplo grau de jurisdição* direito fundamental de natureza processual, como crê parte da doutrina,[281] ou apenas princípio processual infraconstitucional, como quer o Pretório Excelso,[282] não há falar em violação ao princípio epigrafado pelo só fato de as razões recursais serem analisadas ulteriormente.[283] A apreciação recursal diferida no tempo (como regra) deve ser apontada como nota capaz de caracterizar e distinguir o processo do trabalho dos demais subsistemas processuais não criminais.

No processo laboral brasileiro, em tese, a apreciação imediata das razões recursais ocorre apenas por exceção.[284][285]

> (...) o TST admite que algumas decisões interlocutórias sejam passíveis de recursos imediatamente, são elas: a) de Tribunal regional do

---

(281) "(...) o princípio do duplo grau de jurisdição integra o 'modelo constitucional do processo civil' brasileiro, mesmo que a Constituição Federal não faça menção expressa a ele? A resposta a estas questões é positiva (...)". Neste sentido, exemplificativamente, vide: BUENO, Cássio Scarpinella. *Curso sistematizado de direito processual civil*. p. 122.
(282) Segundo a jurisprudência dominante no Supremo Tribunal Federal violação ao duplo grau não passa de violação reflexa da Carta Constitucional. "EMENTA: CONSTITUCIONAL. PROMOTOR DE JUSTIÇA. CRIMES DOLOSOS CONTRA A VIDA. COMPETÊNCIA DO TRIBUNAL DE JUSTIÇA. MATÉRIA FÁTICA. SÚMULA 279-STF. PREQUESTIONAMENTO. PRINCÍPIO DO DUPLO GRAU DE JURISDIÇÃO. I. — O exame da controvérsia, em recurso extraordinário, demandaria o reexame do conjunto fático-probatório trazido aos autos, o que esbarra no óbice da Súmula n. 279-STF. II. — Ausência de prequestionamento das questões constitucionais invocadas no recurso extraordinário. III. — A alegação de ofensa ao inciso LIV do art. 5º, CF, não é pertinente. O inciso LIV do art. 5º, CF, mencionado, diz respeito ao devido processo legal em termos substantivos e não processuais. Pelo exposto nas razões de recurso, quer a recorrente referir-se ao devido processo legal em termos processuais, CF, art. 5º, LV. Todavia, se ofensa tivesse havido, no caso, à Constituição, seria ela indireta, reflexa, dado que a ofensa direta seria a normas processuais. E, conforme é sabido, ofensa indireta à Constituição não autoriza a admissão do recurso extraordinário. IV. — **Não há, no ordenamento jurídico--constitucional brasileiro, a garantia constitucional do duplo grau de jurisdição**. Prevalência da Constituição Federal em relação aos tratados e convenções internacionais. V. — Compete ao Tribunal de Justiça, por força do disposto no art. 96, III, da CF/88, o julgamento de promotores de justiça, inclusive nos crimes dolosos contra a vida. VI. — Agravo não provido. (AI 513044 AgR, Relator(a): Min. CARLOS VELLOSO, Segunda Turma, julgado em 22.02.2005, DJ 08-04-2005 PP-00031 EMENT VOL-02186-08 PP-01496)".
(283) Ainda que grande parcela da doutrina admita o *duplo grau de jurisdição* como princípio processual infraconstitucional, sua inclusão no rol de direitos fundamentais de natureza processual é controvertida.
(284) A respeito de algumas das exceções consultar a Súmula n. 214 do TST, bem como os §§ 2º e 3º do art. 2º da Lei n. 5.584/70.
(285) MARTINS, Sérgio Pinto. *Direito processual do trabalho*. p. 389.

trabalho contrária à súmula ou orientação jurisprudencial do TST; b) suscetível de impugnação mediante recurso para o mesmo Tribunal; c) que acolhe exceção de incompetência territorial, com a remessa dos autos para Tribunal regional distinto daquele a que se vincula o juízo excepcionado, consoante o disposto no art. 799, § 2º, da CLT (...).[286][287]

Considerado o recorte a que nos propomos e guardada limitação ao processo de conhecimento em tramitação na instância inaugural, o tema *irrecorribilidade imediata* será enfrentado a partir da seguinte perspectiva: *o julgamento ulterior dos recursos pautados em irresignações relativas a incidentes processuais atende às exigências mínimas do modelo constitucional de processo?*

Antes de mais nada, convém dar ciência ao leitor menos avisado de que a *praxe forense*, no que diz com a admissibilidade recursal (contra decisões interlocutórias), lançou mão da figura usualmente denominada *protesto antipreclusivo*, erigindo-o, ainda que sem previsão legal, à condição de pressuposto intransponível à revisão, em grau recursal, de suposta(s) irresignação(ões) das partes em face de decisões incidentalmente proferidas.[288][289] Sem o *protesto* devidamente anotado nos autos, advirta-se, impera a tese da preclusão temporal da matéria objeto da decisão incidente.

Feito o alerta, sublinhe-se que a reflexão a que nos propomos resume-se, por ora, a identificar a (i)legitimidade da restrição recursal (ou melhor, da

---

(286) NETO, Francisco Ferreira Jorge; CAVALCANTE, Jouberto de Quadros Pessoa. *Direito processual do trabalho.* v. II, p. 903-904.
(287) **SUM-214 DECISÃO INTERLOCUTÓRIA. IRRECORRIBILIDADE (nova redação) — Res. 127/2005, DJ 14, 15 e 16.03.2005.** Na Justiça do Trabalho, nos termos do art. 893, § 1º, da CLT, as decisões interlocutórias não ensejam recurso imediato, salvo nas hipóteses de decisão: a) de Tribunal Regional do Trabalho contrária à Súmula ou Orientação Jurisprudencial do Tribunal Superior do Trabalho; b) suscetível de impugnação mediante recurso para o mesmo Tribunal; c) que acolhe exceção de incompetência territorial, com a remessa dos autos para Tribunal Regional distinto daquele a que se vincula o juízo excepcionado, consoante o disposto no art. 799, § 2º, da CLT.
(288) O primeiro desafio do operador do processo que pretenda insurgir-se contra decisão desta natureza é, portanto, o de verificar o momento apropriado para deixá-la consignada (o protesto), pena de preclusão. Indeferida, por exemplo, a oitiva de testemunha em audiência, não se tem dúvida de que o operador terá de manifestar sua irresignação *incontinenti*, diligenciando para que conste na ata o bom e velho *protesto*. Mas, toda insurgência deve ocorrer *incontinenti*? Imagine-se, no entanto, que encerrada a fase instrutória, algum dos contendores vem a juízo para acostar aos autos *documento antigo*. Dá-se vista à parte contrária que, no prazo arbitrado pelo magistrado, repudia a juntada da prova, requerendo imediato desentranhamento. O magistrado, entendendo prudente, nega provimento ao pedido e mantém a prova nos autos. Qual o prazo para que a parte registre sua irresignação? Imediata? No prazo arbitrado pelo magistrado? Ou, no silêncio do juiz, no prazo previsto pelo artigo 185 do CPC? Por petição?
(289) "Cabia, nesse passo, às Autoras promoverem **o protesto na ata**, registrando os inconformismos preclusos que ora estão trazendo no presente extraordinário". Parte do aresto proferido no processo, a saber: AIRR — 51940-36.2005.5.20.0005 **Data de Julgamento:** 15.12.2010, **Relator Ministro:** Márcio Eurico Vitral Amaro, 8ª Turma, **Data de Publicação: DEJT** 17.12.2010.

apreciação ulterior das razões impugnativas). De um lado, como dito alhures, constatou-se que prestar jurisdição a *destempo* ou não prestá-la representam situações equivalentes;[290] de outro, que o fundamento da irrecorribilidade imediata das decisões interlocutórias, historicamente, deriva da adoção de sistema pautado no modelo da *oralidade processual*.

Vislumbra-se com certa frequência em doutrina, entretanto, alusão ao argumento de que face à natureza do crédito trabalhista (alimentar) deva o processo do trabalho tramitar no prazo mais expedito possível, o que, em tese, justificaria a não apreciação recursal imediata. O argumento, *data maxima venia*, é pueril. Todo e qualquer processo, independentemente de sua natureza, deve realizar-se no menor lapso de tempo possível. Fosse este o fundamento maior da adoção da técnica processual (o problema da manutenção da *velocidade* do processo), bastaria, como prescreve o art. 899 da CLT, que potenciais recursos (uma vez admitidos) fossem *recebidos* apenas em seu efeito devolutivo. *Mantida estaria a marcha processual*. Não parece ser este, definitivamente, o melhor fundamento para a restrição. Ademais, destaque-se que em determinadas situações (*as de acolhimento da irresignação*, em especial) a técnica do julgamento ulterior (prevista pelo texto consolidado) pode, inclusive, gerar efeitos nefastos à famigerada *celeridade processual*. Basta imaginar situação, dentre tantas, em que os autos tenham de ser reenviados ao juízo *a quo* por ocasião do acolhimento do pleito irresignatório contra o decisório incidente. A eventual pendência, que poderia ter sido resolvida com o julgamento do recurso recebido apenas em seu efeito devolutivo, figurará com forte entrave à entrega da prestação jurisdicional em tempo razoável.

A tese legislativamente sustentada (irrecorribilidade imediata) não passa, na prática, de mera ilusão, pois que a disposição legal, *com o aval dos Tribunais*, vem sendo tranquilamente contornada por expediente alheio. Nos casos em que a situação *in concretu* não se enquadre numa das exceções pretorianas (que admitem apreciação imediata das irresignações), o *mandado de segurança* costuma adentrar a cena, cumprindo a função de permitir a apreciação imediata das razões recursais. Ele, na prática forense, está *urbi et urbi*, sendo pacífica sua admissão para fins de ataque às interlocutórias no processo do trabalho.[291][292] Eis o *x* da questão.

---

(290) "(...) como genuíno brocardo moderno, de que a Justiça tardia equivale à denegação da Justiça (...)". DIAS, Handel Martins. O tempo e o processo. *Revista da Ajuris*, Porto Alegre, ano 34, n. 108, 2007. p. 233.
(291) "Muito se discutiu, antes da Constituição de 1946, sobre o cabimento do mandado de segurança na Justiça do Trabalho. Hoje, sua admissibilidade é ponto pacífico, alicerçada no conceito amplo dado pela redação dos preceitos que regulam esse remédio, nas Constituições posteriores". GIGLIO, Wagner D.; CORRÊA, Claudia Giglio Veltri. *Direito processual do trabalho*. p. 326-327.
(292) Segundo Manoel Antonio Teixeira Filho cabe mandado de segurança, por exemplo, quando houver *erro de procedimento, cerceamento de defesa, exigência de antecipação dos honorários periciais, indeferimento de agravo de instrumento*, entre outros. TEIXEIRA FILHO, Manoel Antonio. *Mandado de segurança na Justiça do Trabalho*. p. 151-162.

A admissão encontra amparo tanto no texto Constitucional como na própria Lei do Mandado de Segurança.[293] Há no plano maior o reconhecimento do direito à concessão da segurança para proteger direito líquido e certo, não amparado por *habeas-corpus* ou *habeas-data*, quando o responsável pela ilegalidade ou abuso de poder for autoridade pública ou agente de pessoa jurídica no exercício de atribuições do Poder Público. No plano infraconstitucional caminha-se por trilho assemelhado, havendo, no entanto, no que diz com os atos *judiciais* (*rectius:* de natureza judicial) as restrições, a saber: não se concede mandado de segurança quando se tratar (a) de decisão judicial da qual caiba recurso com efeito suspensivo e, (b) de decisão judicial transitada em julgado. O *mandamus* na seara trabalhista, na verdade, vem cumprindo, gostem ou não os teóricos laborais, o papel desempenhado pelo *agravo de instrumento* no processo civil.

Segundo pensamos, conscientes ou não, os Tribunais firmaram posicionamento no sentido da ilegitimidade de expor as partes (seja em que espécie de processo for) ao risco de submetê-las a potenciais danos advindos da prolação de decisões incidentais sem que tenham chance de revisá-las. Não se suspende, de regra, o andamento do feito trabalhista mediante a interposição do *writ*, o que supostamente prejudicaria a marcha processual, e muito menos há o desmerecimento dos atos praticados (geralmente) pelo magistrado de primeiro grau pelo só fato de se apreciar a segurança postulada. A nosso sentir, a conduta dos Tribunais, pelo contrário, fortalece o juízo prolator da decisão incidental quando denega a segurança ao mesmo tempo que protege as partes, pelo menos em tese, de eventuais equívocos judiciários, sem prejuízo de garantir ao irresignado uma melhor compreensão dos motivos que orientaram a prolação da decisão que o desfavorece.

O processo moderno conta com tantas ferramentas capazes de melhor distribuir o peso do tempo no processo que o fundamento da manutenção da marcha processual deve ser visto com ressalvas, pois que de nada vale a celeridade procedimental sem a justiça do caso concreto.

Por outro lado, como o sobrestamento do processo pode ser controlado de acordo com a legitimidade das postulações recursais, não há qualquer motivo para preocupações relativas a um contato mais ou menos direto do Juiz com a realidade do processo (feições, declarações, contato direto com as partes e com a prova produzida no mesmo), pano de fundo dos sistemas processuais pautados no modelo da oralidade. O avanço tecnológico, ora exemplificado pela gravação em vídeo dos testemunhos e depoimentos pessoais em sala de audiência (do qual não escapará a Justiça obreira), bem promove (ou até, melhor promove) o desiderato almejado pela *oralidade,* pois que o magistrado pode fazer uso do registro eletrônico tantas vezes quantas entender necessário para certificar-se de suas impressões, compondo o conflito de forma mais adequada.

---

(293) Lei n. 12.016/09.

Uma vez que se tenha apresentado legítima, outrora, a restrição legislativa, atualmente, além de descaracterizada na prática forense (isto é, discerne *processo do trabalho* e *processo civil* apenas em tese), não se justifica diante do que se espera da prestação jurisdicional constitucionalmente prevista.

Se é certo que o autor deve ver seu pleito atendido da forma mais *efetiva* possível quando acompanhado da razão, não menos verdade afigura-se afirmar que ao réu é devida a possibilidade de não submeter-se a eventuais retaliações ou violações de direito sem que possa vê-las corrigidas tempestivamente.

Em suma, é possível afirmar que a *praxe* forense, além de mutilar a previsão consolidada, admite, pelo menos nas entrelinhas, a abusividade da limitação infraconstitucional mediante apreciação de pedidos de concessão de segurança (que materialmente figuram como recurso contra as decisões interlocutórias, com apreciação imediata de suas razões). Certo ou errado, imperioso reconhecer que a reapreciação do mérito das decisões incidentais promovidas no processo do trabalho vem sendo revisadas pela via do *mandamus*. Eis, ao que tudo indica, o caminho encontrado pelos Tribunais para adequar a ilegítima restrição ao modelo constitucional vigente.

3.4. DA EXECUÇÃO *EX OFFICIO*

Ao caracterizarmos o processo do trabalho e, consequentemente, distingui-lo do processo civil, anunciamos como nota digna de destaque a possibilidade de que a execução dos julgados laborais ocorra *ex officio*.[294][295] A afirmativa decorre da previsão constante do art. 878 da CLT.[296][297][298] A doutrina, em

---

(294) Segundo Wagner Giglio o "poder do juiz para promover a execução *ex officio* é integral apenas para as decisões líquidas ou liquidáveis por cálculo ou arbitramento, e para o recolhimento das contribuições previdenciárias da Lei n. 10.035, de 25 de outubro de 2000, (...). Em todos os outros casos sofre restrições (...) se a condenação for ilíquida e depender de determinação através de artigos de liquidação, cumpre à parte propô-los (...); se for alternativa, deve a parte optar por uma das formas de cumprimento da obrigação (...); e se for sujeita a condição, deve ser provada sua realização (...)". GIGLIO, Wagner D.; CORRÊA, Claudia Giglio Veltri. *Direito processual do trabalho*. p. 535.
(295) "Ao contrário do que ocorre no processo civil, o juiz do trabalho pode, de ofício, promover a execução (...)". ALMEIDA, Amador Paes de. *CLT comentada*. 3. ed. São Paulo: Saraiva, 2005. p. 465.
(296) "Art. 878 — A execução poderá ser promovida por qualquer interessado, ou *ex officio* pelo próprio Juiz ou Presidente ou Tribunal competente, nos termos do artigo anterior."
(297) Desde o ano de 2007 a execução das contribuições sociais decorrentes das ações julgadas pela Justiça especializada, também, executáveis de ofício. Neste sentido, a Lei n. 11.547 atribuiu a seguinte redação ao art. 876 da CLT: "Parágrafo único. Serão executadas **ex-officio** as contribuições sociais devidas em decorrência de decisão proferida pelos Juízes e Tribunais do Trabalho, resultantes de condenação ou homologação de acordo, inclusive sobre os salários pagos durante o período contratual reconhecido". (Redação dada pela Lei n. 11.457, de 2007)
(298) No que diz com o regramento aplicável às execuções laborais, segundo Wagner Giglio, a ordem é a seguinte: 1) Previsões constantes da CLT; 2) Disposições relativas aos executivos fiscais (atualmente

geral, costuma atribuir tal possibilidade ao dito *protecionismo processual*. A abordagem do tema, no entanto, merece sucinta digressão histórica.

É sabido que no âmbito do processo civil moderno a vedação executória oficiosa derivou, ao fim e ao cabo, da desconfiança relativa à conduta dos magistrados anteriores à Revolução Francesa, aliados à nobreza, e do clero.[299] "A separação entre conhecimento e execução teve o propósito de evitar que o juiz concentrasse, no processo de conhecimento, os poderes de julgar e de executar".[300] Visou-se, contudo, minimizar o arbítrio do julgador. A separação estanque entre os processos de *cognição* e *execução* no Direito Processual moderno deve ser lido, segundo pensamos, como fruto de uma concepção liberal de Estado, ou mais precisamente, como o norte do *Estado Legislativo Francês*.[301]

Ainda que de passagem vale lembrar que historicamente a concepção liberal ora aludida caracterizou-se, dentre outros,[302] pela exigência de que o Estado interviesse minimamente na esfera particular de cada qual dos jurisdicionados.[303][304] No âmbito do processo, a função do juiz resumiu-se a *declarar* o texto da lei. O pano de fundo: a liberdade do cidadão. Afirmava-se que a falta de *liberdade* conduziria à inexistência da segurança jurídica. "A segurança psicológica do indivíduo — ou sua liberdade política — estaria na certeza de que o julgamento apenas afirmaria o que está contido na lei".[305] Em suma, eis a primeira fase da ideologia burguesa.

Lei n. 6.830/80); 3) Código de Processo Civil. Neste sentido, por todos: GIGLIO, Wagner D.; CORRÊA, Claudia Giglio Veltri. *Direito processual do trabalho*. p. 527.
(299) "Antes da Revolução Francesa, os membros do judiciário francês constituíam classe aristocrática não apenas sem qualquer compromisso com os valores da igualdade, da fraternidade e da liberdade — mantinham laços visíveis e espúrios com outras classes privilegiadas, especialmente com a aristocracia feudal, em cujo nome atuavam sob as togas". MARINONI, Luiz Guilherme. *Precedentes obrigatórios*. p. 52.
(300) "Isso fica mais evidente quando se percebe que a Revolução Francesa, preocupada com tudo isso e com a possibilidade de arbítrio do Judiciário, proibiu o juiz de exercer *imperium*". MARINONI, Luiz Guilherme. *Técnica processual e tutela dos direitos*. 3. ed. São Paulo: RT, 2010. p. 32.
(301) A respeito, com maior profundidade, vide: MARINONI, Luiz Guilherme. *Técnica processual e tutela dos direitos*. p. 29-39.
(302) No afã de neutralizar atuações maliciosas por parte dos magistrados (historicamente *comprometidos com classes nobres*) o anseio revolucionário proibiu o juiz, dentre outras, até mesmo de interpretar a lei. Anota Marinoni que "a Revolução Francesa pretendeu proibir o juiz de interpretar a lei. Imaginava-se que, com uma legislação clara e completa, seria possível ao juiz simplesmente aplicar a lei, e, desta maneira, solucionar os casos litigiosos sem a necessidade de estender ou limitar o seu alcance e sem nunca se deparar com a sua ausência ou mesmo com o conflito entre as normas. Na excepcionalidade de conflito, obscuridade ou falta de lei, o magistrado obrigatoriamente deveria apresentar a questão ao legislativo para a realização da 'interpretação autorizada'. MARINONI, Luiz Guilherme. *Precedentes obrigatórios*. São Paulo: RT, 2010. p. 58-59.
(303) A respeito da *influência dos valores do Estado Liberal de Direito e do positivismo jurídico sobre os conceitos clássicos de jurisdição*, vide: MARINONI, Luiz Guilherme. *Teoria geral do processo*. 3. ed. São Paulo: RT, 2008. p. 25-41.
(304) A respeito do anseio revolucionário francês com maior amplitude, vide a magnífica obra: MARINONI, Luiz Guilherme. *Precedentes obrigatórios*. p. 23/101 (Primeiro capítulo).
(305) MARINONI, Luiz Guilherme. *Técnica processual e tutela dos direitos*. p. 29-30.

É possível asseverar, grosso modo, que à época da Revolução epigrafada o Estado era tido como inimigo primeiro dos indivíduos, motivo pelo qual a edificação do sistema processual moderno prezou pela maior proteção dos indivíduos contra seus atos, limitando seu agir ao plano normativo. O Estado-juiz, no âmbito do *Estado Legislativo Francês (integralmente submisso ao parlamento)*, legitimava-se apenas a declarar o texto da lei, pois desta forma ofereceria menores riscos à concretização da ideologia libertária pretérita.

O processo pretendido e arquitetado no âmbito do Estado Liberal, à evidência, almejou garantir às partes a impossibilidade do exercício de qualquer arbítrio judicial,[306] tanto que chegou ao ponto de *vedar a interpretação da lei por parte do magistrado*, que deveria aplicá-la tal e qual descrita no texto da lei.[307] Sob tal premissa (retirada de poder do Judiciário), apartaram-se os processos de *cognição* e *execução*, restando a função do Estado-juiz reduzida à mera declaração (lato senso) do direito positivado. Exercer o *imperium* lhe era defeso.[308][309] É exatamente neste contexto que emergem os conceitos modernos de ação *declaratória, constitutiva e condenatória*.[310]

Seja como for, vimos que o processo do trabalho, especialmente entre nós, nasce em contexto absolutamente diverso.[311] No final do segundo quinto do século passado, pelo menos nesta seara, as contingências sociais exigiram um

---

(306) "Na época do Estado Liberal Clássico, vigorava no processo (...) o princípio da tipicidade das formas processuais. Tratava-se, nas palavras de Giuseppe Chiovenda, de uma garantia de liberdade das partes contra a possibilidade de arbítrio do juiz". MARINONI, Luiz Guilherme. *Precedentes obrigatórios.* p. 86.
(307) MARINONI, Luiz Guilherme. *Precedentes obrigatórios.* p. 58-62.
(308) "É importante deixar claro que, em princípio, a ideia de limitar o poder do Juiz teve intenção legítima — pois o Judiciário possuía relações com o antigo regime. Contudo, depois, ela passou a ser utilizada para dar guarida às pretensões da burguesia, para quem era necessário um Estado que garantisse sua plena liberdade para se desenvolver nos planos social e econômico. Para tanto, um poder de julgar que estivesse limitado a afirmar a autoridade da lei seria perfeito". MARINONI, Luiz Guilherme. *Técnica processual e tutela dos direitos.* p. 31.
(309) "Embora mostre que, no direito romano primitivo, o conceito de *iurisdictio* talvez fosse mais amplo do que em direito romano clássico, Francesco De Matino, em obra clássica sobre o tema, indica inúmeros textos, particularmente do Digesto, para mostrar que, a partir de um determinado momento da evolução do instituto, especialmente no período clássico, o campo de *iurisdictio* compreendia exclusivamente a função de declaração do direito, excluídas, portanto, dela todas as demais atribuições desempenhadas pelo pretor (...). Esta concepção estreita de jurisdição, como simples *declaração de direitos,* estava firmemente consagrada em direito romano, como consequência da oposição entre os conceitos de *iurisdiction* e *imperium*". SILVA, Ovídio A. Baptista da. *Jurisdição e execução na tradição romano-canônica.* p. 26.
(310) A respeito das classes/categorias de ações, com destaque, vide: CHIOVENDA, Giuseppe. *Instituições de direito processual civil.* 4. ed. Campinas: Bookseller, 2009. p. 73; GOLDSCHIDT, James. *Direito processual civil.* p. 135/156; ASSIS, Araken de. *Manual da execução.* 11. ed. São Paulo: RT, 2007. p. 77-87; GUERRA, Marcelo Lima. *Direitos fundamentais e a proteção do credor na execução civil.* São Paulo: RT, 2003. p.18-59, entre outros.
(311) A respeito do contexto em que surge a Justiça do Trabalho no Brasil, vide: ROMITA, Arion Sayão. Justiça do Trabalho: produto do Estado Novo. In: ROMITA, Arion Sayão. *Direito do trabalho:* temas abertos. São Paulo: LTr, 1998. p. 611-631.

descruzar de braços estatal. Duas, a nosso sentir, são as notas que devem ser destacadas de pronto: primeiro, à época do arquitetamento da *Justiça Especializada* e do processo laboral brasileiro, o Estado não mais figurava como *inimigo número um* dos cidadãos, em especial da classe trabalhadora e, segundo, que o sistema processual não mais era vislumbrado como mera garantia das partes contra possíveis arbitrariedades do Poder Judiciário.[312]

A construção de nosso sistema processual laboral parte da premissa de que a atuação estatal, ao menos nesta seara, deveria ser amistosa em favor da parte hipossuficiente da relação de trabalho. Não pertencia àquele contexto, por consequência, o conceito de um Estado-juiz perverso e comprometido tão somente com os interesses dos mais abastados.

Nesta linha de raciocínio, considerando que o trabalhador ao propor determinada reclamatória implorava o socorro estatal no afã de ver concretizada a legislação social, inexistiam motivos para temer o exercício do *imperium ex officio*. O magistrado do Estado Social, bem compreendida a expressão, é aliado do trabalhador, não seu inimigo. O processo do trabalho, sem que se possa olvidar, laborou na referida perspectiva.

O processo do trabalho, no concernente, andou muito bem ao livrar-se das amarras de um sistema processual influenciado pelo modelo liberal de Estado, o que em parte não fez o processo civil,[313] prevendo desde a publicação do Decreto-lei n. 1.237/39 a possibilidade de que a execução de seus julgados ocorresse de ofício.[314]

No plano do *modelo constitucional de processo* inexiste qualquer vedação apta a contraditar o modelo de execução inaugurada e impulsionada pelo Estado-juiz, como previsto pelo texto consolidado, muito pelo contrário, parece-nos, inclusive, estar este em perfeita sintonia com exigência maior da entrega da prestação jurisdicional mais expedita possível.

É verdade, no entanto, que as modificações pelas quais vem passando o processo civil (em que o *requerimento executivo* ou a propositura da ação autônoma depende exclusivamente do interesse da parte) têm dividido a doutrina laboral no que diz com a identificação de um suposto *ancilosamento* do sistema consolidado.[315][316]

---

(312) Bom exemplo disso pode ser localizado na redação atribuída ao art. 765 da CLT que, em suma, desamarrou o magistrado do anteriormente aludido *princípio da tipicidade das formas processuais*. O conteúdo do artigo, a toda evidência, seria inimaginável em um sistema processual elaborado à luz da ideologia do Estado Liberal Clássico.
(313) A respeito da legitimidade para a propositura da execução (lato senso) no processo civil, vide, com grande proveito: ASSIS, Araken de. *Manual da execução*. p. 380/406.
(314) Vide art. 68 do Dec.-lei n. 1.237/39.
(315) Neste sentido, são valiosas as contribuições perpetradas pelos diversos artigos publicados na obra coletiva, a saber: CHAVES, Luciano Athayde (Org.). *Direito processual do trabalho*: reforma e efetividade. São Paulo: LTr, 2007.
(316) A respeito da divergência no que diz com a aplicação das novas técnicas executivas do processo civil ao processo do trabalho, vide: CORDEIRO, Wolney de Macedo. Da releitura do método de aplicação

O sistema de execução trabalhista, subsidiariamente regrado pelas disposições constantes (1) da Lei dos Executivos Fiscais e, (2) do Código de Processo Civil, se resume apenas a 20 artigos, donde se extrai, ainda hoje, a necessidade de *citação pessoal* do executado, a impossibilidade de cominação de multa por atraso no cumprimento do título judicial e, por fim, execução provisória *pela metade*.⁽³¹⁷⁾

Seja como for, importante sublinhar que, diferentemente do sistema de execução civil — frise-se, *fortemente influenciado, no que diz com a legitimidade para a propositura da ação (incidente ou não), por uma concepção liberal de Estado — em que justificadamente temia-se a atuação do mesmo, ex officio, no plano executório* — o sistema de execução trabalhista — *nascido/adotado, pelo menos entre nós, em período histórico diverso (mais precisamente em 1939)* — traz como pano de fundo a exigência de uma participação ativa do Estado-juiz no que diz com a concretização das decisões judiciais.

O *processo*, seja ele de natureza civil, penal ou trabalhista, como bem preconiza Daniel Mitidiero, é, acima de tudo, fenômeno cultural, e não deve ser lido apenas através das lentes das jurígenas.⁽³¹⁸⁾ É exatamente neste contexto, segundo pensamos, que o acerto ou equívoco relativo à viabilização do exercício do *imperium* ao magistrado do trabalho deve ser enfrentado. Se o trilho estrutural

---

subsidiária das normas de Direito Processual comum ao processo do trabalho. In: CHAVES, Luciano Athayde (Org.). *Direito processual do trabalho:* reforma e efetividade. São Paulo: LTr, 2007. p. 26-51; SILVA, Alessandro da; FAVA. Marcos Neves. *Critérios de aferição da incidência da reforma do processo civil ao processo do trabalho.* In: CHAVES, Luciano Athayde (Org.). *Direito processual do trabalho:* reforma e efetividade. São Paulo: LTr, 2007. p. 125-150; SILVA, Paulo Henrique Tavares da. *Minha nova execução trabalhista.* In: CHAVES, Luciano Athayde (Org.). *Direito processual do trabalho:* reforma e efetividade. São Paulo: LTr, 2007. p. 180-192; REIS, Sérgio Cabral dos. *Breves comentários à nova execução civil e sua repercussão no processo do trabalho.* In: CHAVES, Luciano Athayde (Org.). *Direito processual do trabalho:* reforma e efetividade. São Paulo: LTr, 2007. p. 208-248; CARVALHO, Luis Fernando Silva de. *Lei n. 11.232/2005:* oportunidade de maior efetividade no cumprimento das sentenças trabalhistas. In: CHAVES, Luciano Athayde (Org.). *Direito processual do trabalho:* reforma e efetividade. São Paulo: LTr, 2007. p. 249-275; KOURY, Luiz Ronan Neves. *Aplicação da multa de 10% prevista no art. 475-J do Código de Processo Civil ao processo do trabalho.* In: CHAVES, Luciano Athayde (Org.). *Direito processual do trabalho:* reforma e efetividade. São Paulo: LTr, 2007. p. 276-288; MEIRELES, Edilton; BORGES, Leonardo. *A incidência da multa de 10% do art. 475-J do CPC no processo do trabalho.* In: CHAVES, Luciano Athayde (Org.). *Direito processual do trabalho:* reforma e efetividade. São Paulo: LTr, 2007. p. 289-300.

(317) Para fins de estudo microscópico das técnicas processuais (prazos, procedimentos e peculiaridades) relativos à execução laboral, vide: GIGLIO. Wagner D.; CORRÊA, Claudia Giglio Veltri. *Direito processual do trabalho.* p. 517-603; MARTINS, Sérgio Pinto. *Direito processual do trabalho.* p. 653-730; NETO, Francisco Ferreira Jorge; CAVALCANTE, Jouberto de Quadros Pessoa. *Direito processual do trabalho.* p. 1107-1257; LEITE, Carlos Henrique Bezerra. *Curso de direito processual do trabalho.* p. 679-793; MARTINS FILHO, Ives Gandra. *Manual esquemático de direito e processo do trabalho.* p. 224-246; ALMEIDA, Amador Paes de. *CLT comentada.* p. 464-486.

(318) Neste sentido, vide a excelente obra: MITIDIERO, Daniel. *Colaboração no processo civil.* São Paulo: RT, 2010.

do Estado enquanto instituição, como afirmam alguns, aponta para a adoção de um *neoliberalismo*, as considerações sobre o tema tomarão determinado rumo; se, no entanto, preza-se cada dia mais pela maior intervenção estatal na concretização dos direitos, o caminho será oposto.

Os que buscam *condenações*, seja na Justiça especializada ou não, não o fazem por mero capricho (ou não deveriam). Visam, sim, sua concretização no mundo dos fatos. Não fosse assim postulariam mera declaração *stricto sensu*. *Parece-nos legítimo, portanto, não só na Justiça do Trabalho, a providência oficiosa do magistrado em executar os julgados de sua lavra, desde que facultado ao credor a desistência da ação, e ao devedor o direito de quitá-la incontinenti.*

Registre-se, por fim, que a execução laboral, *mais* ou *menos* célere em relação à execução civil (reformada), necessárias ou não reformas pontuais para que deixe de figurar como o *calcanhar-de-aquiles* do processo especializado, pelo só fato de facultar ao magistrado sua iniciação, em nada afronta o sistema constitucional de processo, sendo, inclusive, recomendada sua adoção. É, para os fins a que nos propomos, o que verdadeiramente importa.

3.3. DA APLICAÇÃO SUBSIDIÁRIA DO *PROCESSO COMUM* AO PROCESSO DO TRABALHO: O PROCESSO LABORAL É (OU PODE SER LIDO COMO) UM SUBSISTEMA FECHADO?

As derradeiras alterações perpetradas no *processo civil* brasileiro, em especial as que dizem com a *execução* das sentenças que condenam ao pagamento de quantia certa, têm dado o que falar no âmbito da doutrina especializada.[319] O motivo é aparentemente singelo: o *processo comum* atua como fonte subsidiária do processo do trabalho.

A despeito dos pontuais debates localizados na doutrina laboral (que não raro abordam o famigerado art. 475-J do CPC), o objetivo do presente tópico desborda de uma ou outra análise pontual (aplica-se ou não ao processo laboral a multa prevista pelo art. 475-J do CPC?). O desiderato por nós traçado, destacado pela indagação que titula o presente tópico, almeja análise mais ampla, a rigor, não microscópica, ainda que não dispense breve lembrança das recomendações perpetuadas pela doutrina clássica.

O tema é corriqueiramente introduzido à luz da previsão contida no art. 769 do texto consolidado[320] e, consoante doutrina de nomeada, deve despertar

---

[319] A respeito vide, com destaque, a excelente obra organizada por CHAVES, Luciano Athayde (Org.). *Direito processual do trabalho:* reforma e efetividade. São Paulo: LTr, 2007.
[320] "Art. 769. Nos casos omissos, o direito processual comum será fonte subsidiária do direito processual do trabalho, exceto naquilo que for incompatível com as normas deste título."

o interesse do intérprete apenas quando a CLT for *silente* ("omissa") a respeito de determinada situação processual.⁽³²¹⁾ Um breve passear pela doutrina tradicional põe-nos a par de que esta, sem que se possa olvidar, reduz o conteúdo da expressão "omissão" à condição de lacuna normativa, vislumbrando-a como falha do legislador, ou melhor, *deficiência do ordenamento jurídico* nos exatos termos outrora sugeridos por Engisch.⁽³²²⁾ Nada mais.

Extrai-se da esmagadora maioria dos *manuais*, que não são poucos, o *animus* de tornar impenetrável o sistema processual laboral, onde a *invasão* processual civil é admitida apenas quando nada mais puder ser feito. O sentimento (pelo menos a nosso sentir) é de que todas as portas devam ser travadas para evitar o triunfo do inimigo: *o processo civil*. A resistência, notoriamente existente, talvez um dia tenha sido legítima, hoje, à evidência, não é.

Nada obstante a própria CLT admita sua incompletude (com certa sutileza é verdade) parece doer na carne dos obstinados protetores da *pureza processual laboralista* (que em determinada medida lembra o próprio *intento alemão da ciência processual*) o reconhecimento de sua superação (ainda que parcial). Os que sustentam a postura de um processo de vanguarda, menos burocrático e mais célere (que supostamente nasceu para superar o *esquizofrênico* processo civil) parecem resistir à admissão de que técnicas processuais mais evoluídas (e eficazes) tenham recebido o *albergue* do *primo rico*. Eis o grito que notoriamente ecoa!

O leitor perspicaz (e afeiçoado ao cenário laboral), como tradicionalmente somos levados a fazer, deve, neste momento, estar a se perguntar: afinal de contas, o autor é contra ou a favor da autonomia do processo do trabalho? De que lado está? É um processualista *civil* ou *laboral*? É *nosso* ou *deles*? Esqueça.

Como dito alhures, diferentemente dos escritos que nos acostumamos a acompanhar ao longo dos anos, tal linha divisória é por nós, propositalmente, ignorada. Não somos de um ponto de vista extrínseco, nem *civilista*, nem *laboralista* ou, ainda, de um ponto de vista intrínseco, *reclamante* ou *reclamado*. Nosso compromisso, alinhado à proposta contemporânea é, sublinhe-se, com a concretização do *modelo constitucional de processo*!

Por todo dito, ressalte-se que, segundo pensamos, não há mais sustentar a exclusividade entre *subsistemas processuais quando suas adaptações convergirem para a melhor concretização do modelo processual maior*. Não se trata de negar,

---

(321) "Duas são as condições, portanto, para a utilização do Código de Processo Civil nos processos trabalhistas. Primeiro, a omissão das leis trabalhistas. Segundo, além da omissão, a compatibilidade entre as normas processuais civis e as exigências do processo trabalhista". NASCIMENTO, Amauri Mascaro. *Curso de direito processual do trabalho*. 25. ed. São Paulo: Saraiva, 2010. p. 109.
(322) ENGISCH, Karl. *Introdução ao pensamento jurídico*. (Trad. J. Baptista Machado) Lisboa: Fundação Calouste Gulbenkian, 2001. p. 274 e ss.

aqui, as peculiaridades de natureza dos litígios submetidos a juízo, muito pelo contrário, são elas objeto de destaque cada dia mais, figurando, não raro, como razão para repudiarmos qualquer vedação ao melhor *acesso à Justiça* (ao processo justo em sentido largo) pelo fato de determinada *técnica processual* constar aqui ou acolá. No mais, laborar a partir da prerrogativa da inexistência de *ancilosamento* de um sistema arquitetado no final dos anos trinta, simplesmente para sustentar a *pureza* e a *autonomia* de um subsistema (que talvez outrora fosse indispensável), não nos parece a melhor escolha.

Para além dos argumentos até então apresentados destacaríamos, ainda, que a melhor doutrina hermenêutica há muito reconhece como condição de subsistência da ideia de *sistema* notas como a da necessidade de sua *completabilidade* pela atuação do intérprete, que tem por função *vivificá-lo*, desnudando seu caráter sempre *inacabado*.[323] Não mais se sustenta, portanto, a noção de um processo do trabalho *incomunicável* (fechado) e avesso aos demais subsistemas processuais.

Quase por provocação aos que repudiam qualquer infiltração (*de um suposto inimigo*) no sistema processual especializado, diríamos que as *manchas perpetradas pelo tempo, nas já úmidas paredes do* processo laboral tradicional não escaparão à modernização das *técnicas processuais, estejam elas onde estiverem.* "Não precisamos, pois, temer a evolução do nosso Direito Processual do Trabalho. Temos que olhar de frente o desafio de mudar quando preciso for".[324]

> (...) não é possível a sustentação da tese de que a expressão 'omissão', contida no art. 769 da CLT, somente permita ao intérprete e aplicador do Processo do Trabalho a colmatação de lacunas quando ausente, na legislação processual trabalhista, semelhante instituto ou ferramenta procedimental. (...) mostra-se plenamente defensável a tese do reconhecimento do ancilosamento normativo, por incompatibilidade com o tronco constitucional, de normas processuais trabalhistas que conspirem, numa relação comparativa com a processualística comum ou com outro subsistema processual especializado, contra o espírito da celeridade e efetividade processuais almejados pela Carta Política (...).[325]

O sistema normativo (legal) não é infenso à superação, muito pelo contrário. Certamente será ele, na grande maioria das vezes, o primeiro a desatualizar-se diante do aprimoramento dos anseios sociais.

---

(323) Neste sentido, entre outros, vide: FREITAS, Juarez. *Interpretação sistemática do direito.* 4. ed. São Paulo: Malheiros, 2004; GUASTINI, Riccardo. *Das fontes às normas.* (Trad. Edson Bini). São Paulo: Quartier Latin, 2005.
(324) CHAVES, Luciano Athayde. *As lacunas no direito processual do trabalho.* In: CHAVES, Luciano Athayde (Org.). *Direito processual do trabalho:* reforma e efetividade. São Paulo: LTr, 2007. p. 92.
(325) CHAVES, Luciano Athayde. *As lacunas no direito processual do trabalho.* In: CHAVES, Luciano Athayde (Org.). *Direito processual do trabalho:* reforma e efetividade. p. 93-94.

Poeticamente falando, em relação ao caráter vanguardista do processo laboral e sua aplicação *pura e simples* (protegido das investidas do processo civil), diríamos: *que seja eterno enquanto dure*, pois superado em eficiência por *técnicas processuais* a ele estranhas (ainda que estas tenham origem em berço inimigo — como parece ser visto o processo civil) que melhor atendam às exigências do *modelo constitucional de processo*, sua *pureza* deve, a nosso sentir, sucumbir.

Por fim, questionamo-nos se já não seria tempo de edificar (aproveitando os sucessos e insucessos dos mais de setenta anos do sistema consolidado) uma revisão/renovação legislativa para criar, quem sabe, um texto processual laboral adequado aos valores constitucionais e despido de um contexto histórico parcialmente superado. A começar pela atualização da linguagem legislativa (passando pela denominação dos órgãos judiciários, entre outros) e culminando na acolhida tanto das *práticas judiciárias*, como de eventuais *técnicas processuais* aptas a atender aos anseios constitucionais, elevando o processo brasileiro, verdadeiramente, à condição de um *devido processo de direito*.

Num último suspiro, e para não deixar sem resposta nossa indagação inaugural, sustentamos que *nem assim (independentemente da reforma textual realizada) seria possível, hodiernamente, laborar com a ideia de um subsistema processual fechado, infenso a influências externas que o tornem mais adequado ao intento constitucional.*

O sistema jurídico como um todo não é fechado, quem dera o subsistema processual laboral!

REFERÊNCIAS BIBLIOGRÁFICAS

ALLORIO, Enrico. *Problemas de derecho procesal*. Buenos Aires: Ejea, 1963, v. 2.

ALMEIDA, Cléber Lúcio de. *Direito processual do trabalho*. Belo Horizonte: Del Rey, 2006.

ALVARO DE OLIVEIRA, Carlos Alberto; MITIDIERO, Daniel. *Curso de processo civil*. São Paulo: Atlas, 2010. v. I.

ALVARO DE OLIVEIRA, Carlos Alberto. O formalismo-valorativo no confronto com o formalismo-valorativo. *REPRO,* 137, a. 31, julho de 2006, p. 7/31.

ASSIS, Araken. *Cumulação de ações*. 4. ed. São Paulo: RT, 2002.

_____. *Manual de execução*. 11. ed. São Paulo: RT, 2007.

_____. *Cumprimento da sentença*. Rio de Janeiro: Forense, 2006.

BARBOSA MOREIRA, José Carlos. *O novo processo civil brasileiro*. 25. ed. Rio de Janeiro: Forense, 2007.

_____. Eficácia da sentença e autoridade da coisa julgada. *Ajuris*: Porto Alegre, v. 28, jul/1983.

BATALHA, Wilson de Souza Campos. *Tratado de direito judiciário do trabalho*. São Paulo: LTr, 1995.

BEZERRA LEITE, Carlos Henrique. *Curso de direito processual do trabalho*. 3. ed. São Paulo: LTr, 2005.

BOTELHO, Guilherme. *Direito ao processo qualificado:* o processo civil na perspectiva do Estado Constitucional. Porto Alegre: Livraria do Advogado, 2010.

BUENO, Cássio Scarpinella. *Curso sistematizado de direito processual civil*. 3. ed. São Paulo: Saraiva, 2009, v. 1.

BUZAID, Alfredo. *Grandes processualistas*. São Paulo: Saraiva, 1982.

CALAMANDREI, Piero. *Instituiciones de derecho procesal civil*. Trad. Santiago Sentis Meleno. Buenos Aires: EJEA, 1986, v. 1.

_____. La Condanna "generica" ai danni. In: *Opere giuridiche*. v. V. Napoli: Morano, 1972. p. 503-530.

CANOTILHO, José Joaquim Gomes de. *Direito constitucional e teoria da Constituição*. 7. ed. Coimbra: Almedina, 1941.

CAPELLETTI, Mauro; GARTH, Brian. *Acesso à justiça*. (trad.) Ellen Gracie Northfleet. Porto Alegre: Sérgio Fabris, 1988.

CARNELUTTI, Francesco. *Sistema di diritto processuale civile*. Pádua: Cedam, 1928, v.2.

_____. *Cómo se hace un proceso*. Bogotá: Temis, 1994.

CARRION, Valentin. *Comentários à Consolidação das Leis Trabalhistas*. São Paulo: Saraiva, 2010.

CHAPPER, Alexei de Almeida. *Polêmicas trabalhistas*. São Paulo: LTr, 2010.

CHAVES, Luciano Athayde. As lacunas no direito processual do trabalho. In: CHAVES, Luciano Athayde (Org.). *Direito processual do trabalho:* reforma e efetividade. São Paulo: LTr, 2007. p. 52-96.

CHIARLONI, Sergio. Nuovi modelli processuali. *Rivista di Diritto Civile*. Padova: a. XXXIX, n. 2, marzo-aprile, 1993. p. 269-291;

CHIOVENDA, Giuseppe. *A ação no sistema dos direitos*. Hiltomar Martins Oliveira (Trad.). Belo Horizonte: Líder, 2003.

_____. *Instituições de direito processual civil*. São Paulo: Saraiva, 1965, v. I.

_____. *Principii di diritto processuale civile*. 3. ed. Nápoles: N. Jovene, 1923.

COMOGLIO, Luigi Paolo. Garanzie costituzionali e giusto processo. *Revista de Processo*. São Paulo, RT, v. 90. p. 95/150, 1998.

DENTI, Vitorino. Intorno allá relatività della distinzione tra norme sostanziale e norme processuali. *Rivista di Diritto Processuale*. Padova: v. XIX, a. 40, 1964. p. 64-77;

DELGADO. Mauricio Godinho. *Curso de direito do trabalho*. 4. ed. São Paulo: LTr, 2005.

DIAS, Handel Martins. O tempo e o processo. *Revista da Ajuris*. Porto Alegre, ano 34, n. 108, 2007. p. 227/245.

DIDIER JR., Fredie; BRAGA, Paula Sarno; OLIVEIRA, Rafael. *Curso de direito processual civil*. Salvador: PODIVM, 2008, v. I.

DIDIER JR., Fredie; ZANETI JR., Hermes. *Curso de direito processual civil*. Salvador: PODIVM, 2010, v. IV.

DIDIER JR., Fredie. Notas sobre a garantia constitucional do acesso à justiça: o princípio do direito de ação ou da inafastabilidade do Poder Judiciário. *Revista de Processo*. São Paulo, RT, v. 108, p. 23/31, 2002.

DINAMARCO, Cândido Rangel; GRINOVER, Ada Pelegrini; CINTRA, Antonio Carlos de Araújo. *Teoria geral do processo*. 20. ed. São Paulo: Malheiros, 2004.

DINAMARCO. Cândido Rangel. *A instrumentalidade do processo*. 14. ed. São Paulo: Malheiros, 2009.

FAZZALARI, Elio. *Instituzioni di diritto processule*. 7. ed. Padova: CEDAM, 1994.

FREITAS, Juarez. *A interpretação sistemática do direito*. 4. ed. São Paulo: Malheiros, 2004.

_____. O intérprete e o poder de dar vida à Constituição: preceitos de exegese constitucional. In: *Revista do Tribunal de Contas do Estado de Minas Gerais*. Belo Horizonte, v. 35, n. 2, abr.-jun, 2000. p.15-46.

GARCIA, Pedro Carlos Sampaio. O fim do poder normativo. In: *Justiça do trabalho*: competência ampliada. (Coord.) COUTINHO, Grijalbo Fernandes; FAVA, Marcos Neves.

GUASTINI, Riccardo. *Das fontes às normas*. (Trad. Edson Bini). São Paulo: Quartier Latin, 2005.

GUERRA, Marcelo Lima. *Direitos fundamentais e a proteção do credor na execução civil*. São Paulo: RT, 2002.

GIGLIO, Wagner D.; CORRÊA, Cláudia Giglio Veltri. *Direito processual do trabalho*. 15. ed. São Paulo: Saraiva, 2005.

HÄBERLE, Peter. *Hermenêutica constitucional* — a sociedade aberta dos intérpretes da Constituição: contribuição para interpretação pluralista e 'procedimental' da Constituição. (Trad. Gilmar Ferreira Mendes). Porto Alegre: Sérgio Antonio Fabris, 2002.

HESSE, Konrad. *Elementos de direito constitucional da República Federal da Alemanha*. (trad.) Luis Afonso Heck. Porto Alegre: Sérgio Antonio Fabris, 1998.

_____. *A força normativa da Constituição*. (Trad. Gilmar Ferreira Mendes). Porto Alegre: Sérgio Antônio Fabris Editor, 1991.

LAITANO, José Carlos. *Criação do texto jurídico*. Porto Alegre: AGE, 2007.

LIEBMAN, Enrico Tullio. *Manual de direito processual civil*. Trad. Cândido Rangel Dinamarco. 2. ed. Rio de Janeiro: Forense, 1985.

_____. *Estudos sobre o processo civil brasileiro*. São Paulo: Bestbook, 2004.

_____. *Processo de execução*. 3. ed. São Paulo: Saraiva, 1968.

LIMA, Mário S. Rodrigues. *Código de Processo Civil*: ações e processos, em geral. Belo Horizonte: Imprensa Oficial do Estado de Minas Gerais, 1940.

MARQUES, José Frederico. *Instituições de direito processual civil*. Rio de Janeiro: Forense, 1960, v. 5.

MARINONI. Luiz Guilherme; ARENHART, Sérgio Cruz. *Manual do processo de conhecimento*. 5. ed. São Paulo: RT, 2006.

MARINONI. Luiz Guilherme. *Teoria geral do processo*. 3. ed. São Paulo: RT, 2008.

_____. *Técnica processual e tutela dos direitos*. 2. ed. São Paulo: RT, 2008.

_____. *Tutela inibitória* — individual e coletiva. 4. ed. São Paulo: RT, 2006.

_____. *Precedentes obrigatórios*. São Paulo: RT, 2010.

MARINONI. Luiz Guilherme; MITIDIERO, Daniel. *Código de Processo Civil comentado artigo por artigo*. São Paulo: RT, 2008.

MARTINS FILHO, Ives Gandra. *Manual esquemático de direito e processo do trabalho*. São Paulo: Saraiva, 2006.

MARTINS, Sérgio Pinto. *Direito do trabalho*. 21. ed. São Paulo: Atlas, 2005.

_____. *Direito processual do trabalho*. 27. ed. São Paulo: Atlas, 2007.

MARTINS-COSTA, Judith. *A boa-fé no direito privado*. São Paulo: RT, 2000.

MATTOS, Sérgio Luiz Wetzel de. O princípio do devido processo legal revisitado. *Revista da Ajuris*, Porto Alegre, ano 32, n. 97, 2005. p. 265/290.

_____. O Processo justo na Constituição Federal de 1988. *Revista da Ajuris*, Porto Alegre, ano 30, n. 91, 2003. p. 215/260.

MAXIMILIANO, Carlos. *Hermenêutica e aplicação do direito*. 19. ed. Rio de Janeiro: Forense, 2006.

MENDES, Gilmar Ferreira. *Jurisdição constitucional*. São Paulo: Saraiva, 1996.

MEZZAROBA, Orides; MONTEIRO, Cláudia Servilha. *Manual de metodologia da pesquisa no direito*. 2. ed. São Paulo: Saraiva, 2004.

MEZZOMO, Marcelo Colombelli. Jurisdição, ação e processo à luz da processualística moderna. Para onde caminha o processo? *Revista Forense*, a. 100, nov/dez, 2004, v. 376, p. 145/180.

MILLAR, Robert Wyness. *Los princípios formativos del procedimiento civil*. Catalina Grossmann (Trad.). Buenos Aires: Ediar, 1945.

MIRANDA, Jorge. *Manual de direito constitucional*. 3. ed. Coimbra: Coimbra Editora, 2000, t. IV.

MITIDIERO, Daniel. *Colaboração no processo civil*. São Paulo: RT, 2008.

_____. O processualismo e a formação do Código Buzaid. *Revista do Processo*, v. 183, p. 165-194, 2010.

_____. *Elementos para uma teoria contemporânea do processo civil brasileiro*. Porto Alegre: Livraria do Advogado, 2005.

_____. *Processo civil e Estado constitucional*. Porto Alegre: Livraria do Advogado, 2007.

MORAES, Alexandre de. *Direito constitucional*. 39. ed. São Paulo: Atlas, 2003.

NASCIMENTO, Amauri Mascaro. *Curso de direito processual do trabalho*. 25. ed. São Paulo: Saraiva, 2010.

NEGRÃO, Teotônio. *Código de Processo Civil e legislação processual em vigor*. 32. ed. São Paulo: Saraiva, 2001.

NETO, Francisco Ferreira Jorge; CAVALCANTE, Jouberto de Quadros Pessoa. *Direito processual do trabalho*. Rio de Janeiro: Lumen Iuris, 2007.

NETO, Manoel Jorge e Silva. *Constituição e processo do trabalho*. São Paulo: LTr, 2007.

_____. *Direitos fundamentais e o contrato de trabalho*. São Paulo: LTr, 2001.

NÖRR, Knut Wolfgang. La scuola storica, il processo civile e il diritto delle azioni. *Rivista di Diritto Processuale*. Padova: v. XXXVI, a. 57, 1981. p. 23-40.

OLIVEIRA, Carlos Alberto Alvaro de. *Teoria e prática da tutela jurisdicional*. Rio de Janeiro: Forense, 2008.

_____. Procedimento e ideologia no direito brasileiro atual. *Revista da Ajuris*. Porto Alegre, 1985, n.33.

_____. *Do formalismo no processo civil*. 2. ed. São Paulo: Saraiva, 2003.

PINA, Antonio Lopez. *La garantia constitucional de los derechos fundamentales:* Alemanha, España, Francia e Italia. Madrid: Editorial Civitas, 1991.

PONTES DE MIRANDA, Francisco Cavalcanti. *Fontes e evolução do direito civil brasileiro*. 2. ed. Rio de Janeiro: Forense, 1981.

_____. Francisco Cavalcanti. *Tratado das ações*. São Paulo: RT, 1978.

PORTO, Sérgio Gilberto; USTÁRROZ, Daniel. *Lições de direito processual civil:* o conteúdo processual da Constituição Federal. Porto Alegre: Livraria do Advogado, 2009.

POZZA, Pedro Luiz. O devido processo legal e suas acepções. *Revista da Ajuris*, Porto Alegre, ano 33, n. 101, 2006. p. 247/276.

RIBEIRO, Darci Guimarães. A concretização da tutela específica no direito comparado. In: TESHEINER, José Maria Rosa; PORTO, Sérgio Gilberto; MILHORANZA, Mariângela Guerreiro (coord.). *Instrumentos de coerção e outros temas de direito processual civil*. Rio de Janeiro: Forense, 2007.

TORRES, Artur Luis Pereira. A teoria dos distintos planos da ordem jurídica. *Revista Brasileira de Direito Processual Civil — RBDPRO*. Belo Horizonte: ano 18, n. 72, p. 155-172, out./dez., 2010.

_____. Anotações a respeito do desenvolvimento histórico das ações coletivas. *Revista Brasileira de Direito Processual Civil — RBDPRO*. Belo Horizonte: ano 18, n. 69, p. 37-63, jan./mar., 2010.

_____. Do individualismo ao coletivismo no processo civil brasileiro. *Processos Coletivos*. Porto Alegre, v. 2, n. 1, 01 de jan. de 2011. Disponível em 01 de jan. 2011. Acesso em 03 de jan. de 2011.

ROSEMBERG. Leo. *Da jurisdição no processo civil*. Campinas: Impactus, 2005.

SANTOS, J. M. Ramalho. *Código de Processo Civil interpretado*. 6. ed. Rio de Janeiro: Freitas Bastos, 1963.

SANTOS, Moacir Amaral. *Primeiras linhas de direito processual civil*. 23. ed. São Paulo: Saraiva, 2004, v.1 e v.2.

SARLET, Ingo Wolfgang. *A eficácia dos direitos fundamentais*. 10. ed. Porto Alegre: Livraria do Advogado, 2010.

SILVA. Ovídio Araújo Baptista. *Curso de processo civil*. 7. ed. São Paulo: RT, 2001, v. I.

_____. *Jurisdição e execução na tradição romano-canônica*. 2. ed. São Paulo: RT, 1996.

_____. Direito subjetivo, pretensão de direito material e ação. *Revista da Ajuris*, n. 29, 1983. p. 99-126.

TARUFFO, Michele. *La giustizia civile in Italia dal '700 a oggi*. Bologna: Società editrice il Mulino, 1980.

THEODORO JR., Humberto. *Curso de direito processual civil*. 41. ed. Rio de Janeiro: Forense, 2004, v. I.

_____. *Curso de direito processual civil*. 41. ed. Rio de Janeiro: Forense, 2004, v. II.

_____. *Curso de direito processual civil*. 41. ed. Rio de Janeiro: Forense, 2004, v. III.

TUCCI, José Rogério Cruz e. *Tempo e processo:* uma análise empírica das repercusões do tempo na fenomenologia processual (civil e penal). São Paulo: RT, 2007.

WARAT, Luis Alberto. *O direito e sua linguagem*. 2. ed. Porto Alegre: Sergio Antonio Fabris, 1995.

WATANABE, Kazuo. *Da cognição no processo civil*. 3. ed. São Paulo: Perfil, 2005.